アガルートの
司法試験・予備試験
総合講義 1 問 1 答

憲 法

アガルートアカデミー 編著

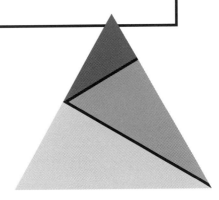

AGAROOT
ACADEMY

は し が き

　本書は，司法試験・予備試験の主に論文式試験で問われる知識を１問１答形式で整理したものである。初学者であれば，基本書等を読み進めて理解した後で，その知識を復習するための副教材として使用することを，中上級者であれば，一通りインプットを済ませた後で，知識を網羅的に点検し，定着させるものとして使用することを想定している。

　論文式試験で問われる知識を整理・確認する書籍としては，論証として整理をしている論証集や，問題とその解説あるいは解答例という形式で提供する演習書が存在する。しかし，論証集には，問題形式になっておらず人によっては覚えにくく取り組みにくいという側面があり，演習書には，問題文が長文になりがちで知識を再確認するには使いにくいという側面がある。

　そのため，シンプルに論文で問われる知識をおさらいできる問題集はないかと模索した結果，１問１答形式の問題集に至った。作成当時は，アガルートアカデミーで個別指導を受講している受講生向けに，復習用教材として使用していたのであるが，その評判が上々であり，学習の成果も確認することができたため，これを書籍として刊行することにした次第である。

　本書は，2019年に『アガルートの司法試験・予備試験 総合講義１問１答 憲法・行政法』として発行したものであるが，判例学習の重要性が増している公法系科目の傾向を踏まえ，１問１答だけでなく，重要判例に関する空欄補充問題も掲載し，「憲法」「行政法」として独立させたものである。

　本書の空欄補充問題を通じて，最低限記憶しておくべき，判例の結論及び，結論を導くための重要なキーワードをインプットしてほしい。

　本書は，知識の解説をしたものではなく，また，具体的事例問題を掲載したものでもない。司法試験・予備試験の合格に必須の知識を定着させるための問題集である。すらすらと書けるようになるまで，繰り返し解き続けてほしい。

　本書の前身である問題集は，既にアガルートアカデミーの受講生が利用しており，多くの合格者を輩出している。読者諸賢にとっても，この問題集が，正確な知識の定着の一助となり，司法試験・予備試験の合格を勝ち取ることを切に願う。

2021年6月吉日

アガルートアカデミー

目　　次

憲　　法

本書の使い方

> **問題ランク**
> **A**は学習初期から必ず押さえてほしい基本的な問題を，**B**はそれ以上のレベルの問題を表します。
> 1周目は**A**だけを，2周目は**B**を中心に問題を解いていくと学習を効率的に進められます。

【左側：問題】

> **チェックボックス**
> 解き終わったらチェックして日付を記入しましょう。

> **問題文**
> 基本・重要論点を順序立てて端的に問う内容となっています。

> **通し番号**
> 単元ごとの通し番号です。「今日は何番まで」等，目標設定にお役立てください。

> **条文表記**
> （79ⅡⅢ）は79条2項・3項を表します。

□ / □ / □ /	5.	**A**	「法律上の争訟」（裁判所法3Ⅰ）の意義について説明しなさい。
□ / □ / □ /	6.	**A**	統治行為論について説明しなさい。
□ / □ / □ /	7.	**B**	統治行為論を肯定すべきかについて説明しなさい。
□ / □ / □ /	8.	**A**	部分社会の法理について説明しなさい。
□ / □ / □ /	9.	**A**	部分社会の法理を肯定すべきか説明しなさい。
□ / □ / □ /	10.	**B**	最高裁判所裁判官の国民審査（79ⅡⅢ）の法的性質について説明しなさい。
□ / □ / □ /	11.	**A**	32条と82条の「裁判」の意義について説明しなさい。

60 問 題

【右側：解答】

5.　　ⓐ当事者間の具体的な法律関係ないし権利義務の存否に関する紛争であって，ⓑ法令の適用により終局的に解決できるもの（最判昭56.4.7）。

6.　　一般に，「直接国家統治の基本に関する高度に政治性のある国家行為」で，「法律上の争訟」として裁判所による法律的な判断が理論的には可能であるのに，事柄の性質上，司法審査の対象から除外する理論をいう。

7.　　司法権の内在的制約から認めるべきであるが（判例？最大判昭35.6.8），他の法理（自律権論や自由裁量論）によって説明できる場合は，そちらによるべきである。主に国民主権の観点から，非民主的機関である裁判所が責任を負うことができない場合はあるが，統治行為論は，憲法上の根拠がないからである。

8.　　団体の内部自治を根拠に，自律的な法規範を有する特殊な部分社会について，内部紛争は司法審査の対象にならないとする法理である。ただし，国民の権利保護の観点から一般市民法秩序と接点がある問題については司法審査の対象となるとされる。

9.　　憲法の規定を欠くため，部分社会の法理を認めるべきではなく，憲法の明文規定をもって根拠付けるべきである。

10.　任命行為説＝「任命は…審査に付し」という文言から，任命行為とする。
　　　解職制度説（最大判昭27.2.20）＝「…罷免される」という文言から，解職制度とする。
　　　折衷説＝原則として解職の制度であるが，1回目の国民審査のみ任命行為としての性質を併せ持つ。

11.　判例（最大決昭35.7.6，最大判昭40.6.30，最大決昭45.6.24）＝32条と82条の「裁判」を同義義にとらえ，実体的権利義務の存否を終局的に確定する純然たる訴訟事件についての裁判を意味するとする。その結果，公開を要する「裁判」の範囲は，純然たる訴訟事件についての裁判に限られる。
　　　学説＝32条の「裁判」と82条の「裁判」の意味は異なるとし，32条は82条で保障される公開・対審・判決の手続を原則としつつ，その事件の内容・性質に応じた最も適切な手続の整った裁判を受ける権利を保障したものと解する。

4
統
治

学説
一般的に判例の立場と評されているものの，それに異を唱える有力な学説が存在している場合に「？」を付けています。

解答
論文式試験で記載することになる知識をまとめた内容になっています。

インデックス
現在学習中の部分が一目瞭然です。

憲　　　　法

1　総則〜人権（平等）

☐　／
☐　／　　**1.**　**B**　人権の種類及びその具体例について説明しなさい。
☐　／

☐　／
☐　／　　**2.**　**B**　プログラム規定，抽象的権利，具体的権利の意義について説明しなさい。
☐　／

☐　／
☐　／　　**3.**　**B**　制度的保障の意義及び具体例について説明しなさい。
☐　／

☐　／
☐　／　　**4.**　**A**　外国人の人権共有主体性について説明しなさい。
☐　／

1　総則～人権（平等）

1.　(1)　自由権（消極的権利，「国家からの自由」）
　　　　国家が個人の自律的領域に対して権力的に介入することを排除して，個人の
　　　自由な意思決定と活動とを保障する人権。
　　　　ex．精神的自由権，経済的自由権，人身の自由
　　(2)　参政権（能動的権利，「国家への自由」）
　　　　国民の国政に参加する権利。自由権の確保に仕える。
　　　　ex．選挙権・被選挙権，憲法改正国民投票，最高裁判所裁判官の国民審査
　　(3)　受益権（積極的権利，「国家による自由」）
　　　ア　国務請求権
　　　　　国民が国家に作為を要求する権利。人権を確保するための人権とも呼ばれ
　　　る。
　　　　　ex．裁判を受ける権利
　　　イ　社会権
　　　　　社会的経済的弱者を守るために保障されるに至った20世紀的な人権。憲
　　　法の規定のみを根拠として権利の実現を裁判所に請求できる具体的権利では
　　　なく，立法による裏付けが必要（抽象的権利）。
　　　　　ex．生存権

2.　　プログラム規定＝法規範性がない，単なる努力目標
　　　抽象的権利＝法規範性はある（違憲＝無効）が，裁判規範性はない（立法を待っ
　　　てはじめて裁判規範となり得る）
　　　具体的権利＝そのままで裁判規範になる

3.　　憲法が一定の既存の制度に対して立法によってもその核心ないし本質的内容を侵
　　　害してはならないという保障を与えているもの。制度を保障することによって，人
　　　権保障を図る（もっとも，周辺部分を広く認めることにより，逆に人権侵害の危険
　　　性がある）。
　　　　ex．信教の自由（20）と政教分離，学問の自由（23）と大学の自治，財産権の
　　　　保障（29）と私有財産制，地方自治（92）

4.　　人権には前国家的性格を有するものもあるし（11），憲法は国際協調主義（全文
　　　第3段，98Ⅱ）を採っている（国民・外国人の別なく人権を保障することを求め
　　　る各種の国際人権条約を締結している）ことから，原則として肯定するが，権利の
　　　性質上，保障されない人権もある。
　　　　cf．判例は，「基本的人権の保障は，権利の性質上日本国民のみをその対象とし
　　　　ていると解されるものを除き，わが国に在留する外国人に対しても等しく及ぶ」
　　　　とする（マクリーン事件，最大判昭53.10.4）。

□ ／
□ ／ 5. **B** 外国人に参政権は認められるかについて，憲法上の保
□ ／   障の有無と，法律をもって付与することの肯否に分けて
          説明しなさい。

□ ／
□ ／ 6. **B** 外国人の公務就任権について，憲法上の保障の有無と，
□ ／   法律をもって付与することの肯否に分けて説明しなさい。

5.　①憲法上の保障の有無

　　参政権は前国家的権利ではないし，外国人に保障することは，国民の自律的意思に基づいて運営される国民主権に反するから，国政レベルはもちろんのこと，地方レベルにおいても保障されない（国会議員の選挙権について最判平5.2.26，国会議員の被選挙権について最判平10.3.13，地方公共団体の選挙権について最判平7.2.28）。

②法律をもって付与することの肯否

　　第8章の地方自治に関する規定は，民主主義社会における地方自治の重要性に鑑み，住民の日常生活に密接な関連を有する公共的事務は，その地方の住民の意思に基づきその区域の地方公共団体が処理するという政治形態を憲法上の制度として保障しようとする趣旨に出たものと解されるから，定住外国人等のその居住する区域の地方公共団体と特段に緊密な関係をもつに至ったと認められる者について，法律をもって，地方公共団体の長，その議会の議員等に対する選挙権を付与する措置を講ずることは，憲法上禁止されているものではないと解するのが相当である（最判平7.2.28）。

＝少なくとも地方政治については，立法政策にかかわる事柄である（地方レベルにおいては許容されると考えられる）。

　cf. 被選挙権については一切禁止されていると解する見解が有力

　cf. 国政レベルにおいては，国民主権の原理に真っ向から反することとなるから，禁止されると考えるのが一般的。

6.　①憲法上の保障の有無

　　「公権力の行使又は国家意思の形成への参画にたずさわる公務員」に就任する権利は保障されない（当然の法理）。国民主権に真っ向から反するからである。

　cf. 地方レベルにおいても，公権力行使等地方公務員（東京都管理職試験事件参照）に就任する権利については保障されていない（最大判平17.1.26）。

　cf. （日本国民の）公務就任権については憲法に明文の規定はなく，13条説，15条説，22条説などがあるが，複合的性格を有するとする学説もある。

②法律をもって付与することの肯否

　　「公権力の行使又は国家意思の形成への参画にたずさわる公務員」については，法律をもって公務就任権を付与することは禁止されるが，それ以外の公務員については立法政策の問題（政府見解，なお地方レベルにおいても同様）

　cf. 判例は公権力行使等地方公務員に就任する権利を法律上付与することまで禁止するものではない。

□ ／
□ ／　　7.　**B**　外国人に社会権が認められるかについて説明しなさい。
□ ／

□ ／
□ ／　　8.　**B**　外国人に我が国に入国する自由が認められるかについて説明しなさい。
□ ／

□ ／
□ ／　　9.　**B**　外国人に我が国に在留する自由が認められるかについて説明しなさい。
□ ／

□ ／
□ ／　　10.　**B**　外国人に我が国に再入国する自由（在留期間満了前に再び入国する意思をもって出国すること）が認められるかについて説明しなさい。
□ ／

□ ／
□ ／　　11.　**B**　外国人に我が国から出国する自由が認められるかについて説明しなさい。
□ ／

7.　　社会権は各人の所属する国家が保障するのが原則であるから，認められない（塩見訴訟，最判平元.3.2）。

　　cf.　学説の有力説は，その国で共同生活を営み，税金等により社会的な負担も果たしているすべての個人に，国籍に関係なく保障されるべき権利であるとしていた。実際に，今日では多くの法律において，国籍要件は原則として撤廃されている。もっとも，生活保護法は改正されず，これについて，判例は，「生活保護法に基づく保護の対象となるものではなく，同法に基づく受給権を有しない」としている（最判平26.7.18）。

8.　　自国の安全と福祉に危害を及ぼすおそれがある外国人については，国家にこれを立ち入らせない権利があることが，国際慣習法上，確立しているから，認められない（最大判昭32.6.19）。

9.　　入国の自由が認められない以上，在留の自由も認められず，出入国管理令（現入管法）上，法務大臣がその裁量により更新を適当と認めるに足りる相当の理由があると判断する場合に限り在留期間の更新を受けることができる地位を与えられているにすぎない（マクリーン事件，最大判昭53.10.4）。

　　cf.　定住外国人の場合には，入国の自由の問題が生じないから，当然在留の権利も保障されるべきとする説

10.　　入国と再入国を区別すべきではないし，外国人には憲法上外国へ一時旅行する自由を保障されるものではないから，認められない（最判平4.11.16，森川キャサリーン事件）。

　　cf.　定住外国人には認めるべきとする説もある。

　　cf.　判例（最判平10.4.10）は，当該外国人が協定永住資格を有する場合には，法務大臣の裁量が制約されることを認めている。

　　cf.　現在は，出国後1年以内（特別永住者は2年以内）に再入国するのであれば，原則として，事前に，再入国許可を受ける必要がなくなっている（みなし再入国許可制度）。

11.　　22条2項によって保障する（最大判昭32.12.25）。

□ /	**12.**	**B**	法人の人権共有主体性について説明しなさい。
□ /			
□ /			

□ /	**13.**	**B**	未成年者の人権共有主体性について説明しなさい。
□ /			
□ /			

□ /	**14.**	**B**	二重の基準論（アメリカ型）について説明しなさい。
□ /			
□ /			

12.　　法人も自然人と同じく活動する社会的実体であり，構成員の個別の人権に分解することが非現実的な場合もある。また，法人は社会における重要な構成要素である。したがって，人権規定も性質上可能な限り法人にも適用される（性質説，八幡製鉄政治献金事件，最大判昭45.6.24）。

　　もっとも，法人の人権は，法人の構成員との関係において一定の制限をうけるから，法人の権利と構成員の権利の矛盾・衝突は，当該法人の目的・性格や問題となる権利・自由の性質の違いに応じて，個別具体的に調整することが必要である。

　　ex.　選挙権，生存権等は保障されない

13.　　未成年者も，日本国民である以上，当然に人権享有の主体となるので，人権の不当な制限は許されないため，自己加害の防止を理由とする公権力による介入は原則として許されない。しかし，憲法は成年制度を採用しているし（15Ⅲ），未成年者保護の必要性も高い。

　　そこで，未成年者の人格的自律の助長・促進にとって必要やむを得ないと認められる場合には，例外的に介入が許される（限定されたパターナリスティックな制約）。その際には，①年齢面での発達段階，②人格的自律にとっての核にかかわるものか，周辺的なものか，③制約の課される場合あるいは文脈等を考慮に入れて，必要最小限度の制約であるか否かを個別的に判断する。

14.　　政策的理由に基づく経済的自由の制約立法の合憲性については，資料収集能力に優れた政治部門の判断を裁判所は尊重すべきである（司法能力限界論）。他方，精神的自由権は民主政の過程を支えるものであるから，いったん破壊されれば議会でこれを是正することはできないため（民主的政治過程論），裁判所が積極的に介入して民主政の正常な過程を回復する必要がある（また，表現の自由がそれ自体の価値として経済的自由よりも高い）。

　　したがって，精神的自由権を制約する立法の合憲性は，経済的自由権を制約する立法の合憲性よりも厳格に審査されなければならない。具体的には，目的（政府利益）の必要不可欠性（やむにやまれぬ利益）と，目的達成のために手段が必要最小限度であることを要求する。

　　cf.　緩やかな審査＝目的が正当であること，手段と目的とが合理的関連性を有すること。

　　cf.　さらに，両者の間の中間的な審査基準（厳格な合理性の基準）があることから三重の基準とも呼ばれる。

□ ／
□ ／　**15.** Ⓑ　比例原則の理論（ドイツ型）について説明しなさい。
□ ／

□ ／
□ ／　**16.** Ⓑ　三段階審査論の審査手法について説明しなさい。
□ ／

□ ／
□ ／　**17.** Ⓑ　公務員の人権制約について説明しなさい。
□ ／

□ ／
□ ／　**18.** Ⓑ　在監者の人権制約について説明しなさい。
□ ／

15.　①手段が目的と適合的であり（適合性の原則），②手段が目的達成のために必要であり（必要性の原則），③目的と均衡するものでなければならない（狭義の比例原則）。

　　適合性＝その手段が立法目的（規制目的）の実現を促進するか
　　必要性＝立法目的の実現に対して等しく効果的であるが，基本権を制限する程度が低い他の手段が存在するか
　　狭義の比例性＝手段は追求される目的との比例を失してはならない（手段は追求される目的と適切な比例関係になければならない）

16.　①ある憲法上の権利が何を保障するのか（保護領域）
　　②法律及び国家の具体的措置が保護領域に制約を加えているのか（制約）
　　③制限は，憲法上，実体的かつ形式的に正当化し得るのか（正当化）
　　の三段階で法令の合憲性を審査する手法。③の段階（実質的正当化）で，目的審査，手段審査として比例原則の理論を用いる。

17.　公務員は国民の生命・安全を守り，福祉を担う特別な職務に服するものだから，その人権は特別な制約に服すると解さざるを得ない。憲法も15条，73条4号などによってかかる公務員関係を予定しているというべきである。

　　したがって，かかる関係の存立と自律性を確保する目的の限度において，必要最小限度で公務員の人権を制約し得ると解する。必要最小限度か否かの判断は，公務員の職種・制約される人権の性質など具体的事情を考慮に入れながら個別的に判断すべきである（学説，職務性質説）。

18.　制限の必要性の程度と，制限される基本的人権の内容，これに加えられる具体的制限の態様等を考慮して，必要最小限度の制約のみ許されると考えるべきである（学説）。

□ ___/___ **19.** **B** 憲法の私人間効力をめぐる学説について説明しなさい。
□ ___/___
□ ___/___

□ ___/___ **20.** **A** 憲法13条により「新しい人権」として保障されるのは
□ ___/___ どのような権利かについて説明しなさい。
□ ___/___

19.　無適用説＝基本的人権の保障は，憲法に特別の定めがない限り対公権力のものであること（公法私法の二元性を強調），人権規定は国家の権力作用を規制するものであって，民事関係とは関係がないことから，憲法は私人間には一切適用されないとする。

間接適用説＝「社会的権力」が公権力に匹敵する力を持っていることを考えると私人間に全く憲法を適用しないのは妥当ではないが，私人間に憲法を直接適用すると私的自治を害するため，人権保障の精神に反する行為については，私法の一般条項（民90，709等）を媒介として人権規定の価値を私人間にも及ぼすとする。

保護義務論＝国家と私人との間に，基本権尊重関係に加えて，第三者の侵害から各人の基本権法益を保護する基本権保護関係を設定し，基本権侵害の対象を私人による侵犯に拡張するとする。

cf. いずれの立場を採るとしても，私的自治の修正が迫られるのは，大別して，①内容それ自体が当事者の人格的価値に反する場合（とりわけ，当人が自発的に合意した契約ではなく，就業規則や慣習の中に性差別条項が含まれている場合（ex.日産自動車事件（最判昭56.3.24）），及び②当事者間に力の不均衡があり，不均衡の結果として一方の当事者に過剰な負担が生じている場合であるとの指摘がある。

cf. 私的団体がその構成員に対して規律権を及ぼす場合（ex.南九州税理士会事件（最判平8.3.19）），表現の自由の行使が，他者の人権（プライバシー権，肖像権など）を侵害する場合（ex.ノンフィクション『逆転』事件（最判平6.2.8））において，判例が私人間効に言及することはない。

20.　日本国憲法第3章には，詳細な人権規定（人権のカタログ）があるが，これは，歴史的に侵害されることが多かった権利を列挙したにすぎないため，国民に保障される人権をこれに限定する必要はなく，およそ個人の尊厳を確保するに必要な利益は新しい人権として保護すべきである。もっとも，新しい人権を無制限に認めていくと，①既存の人権の価値が相対的に低下する（人権のインフレ化），②新しい人権が他の既存の人権の制約根拠として使用されることになり，多くの場合に人権の制約が許容されることになって，既存の人権の保障が低下するおそれがあるし，そもそも，新しい人権の根拠である13条後段の「幸福追求権」は，前段の個人の尊厳の原理と結びついて理解されるものである。

そこで，人格的生存に不可欠なものに限り，新しい人権として承認するべきである（人格的利益説）。

cf. 一般的自由説

cf. もっとも，人格的利益説からも人格的生存に不可欠ではなく，憲法上の権利としての保障がない利益も，一定の憲法保障が与えられると解されている（法律の留保と比例原則が妥当する，違憲からの強制を受けないことの保障があると表現する見解がある）。

□ /	**21.**	**B**	憲法13条により「新しい人権」として保障される権利

の具体例について説明しなさい。

□ /	**22.**	**B**	プライバシー権の意義について説明しなさい。

□ /	**23.**	**B**	私生活をみだりに公開されない権利としてのプライバ

シー権が認められるための要件について説明しなさい。

21.　　プライバシー権，自己決定権，人格権

22.　　（A説）私生活をみだりに公開されない権利＝私的領域を侵害されないことは平穏な生活をするためには欠かせない利益であるため，かかる権利の保障は人格的生存のために必要不可欠といえるから，プライバシーの権利は私生活をみだりに公開されない権利として憲法上保障されているといえる。

　　（B説）自己に関する情報をコントロールする権利（自己情報コントロール権説）＝プライバシー権には自由権的側面と社会権（請求権）的側面が生じることになる。自由権的側面としては，国家が個人の意思に反して接触を強要し，みだりにその人に関する情報を収集し利用することが禁止され，また，個人の人格的生存には直接かかわりのない外的事項に関する情報についても，国家がみだりにこれを集積し又は公開することは禁止される（裁判規範性あり）。社会権（請求権）的側面としては，国家機関の保有する自己の情報の開示や訂正・削除を請求できる（裁判規範性なし）。

　cf.　最高裁は一義的に明確な内容を有する権利としての「プライバシー権」という概念を認めていないが，公権力との関係において，「みだりにその容貌・姿態を撮影されない自由」「みだりに指紋の押なつを強制されない自由」「個人に関する情報をみだりに第三者に開示又は公表されない自由」が，それぞれ「個人の私生活上の自由」の一つとして憲法13条により保障されるとしている。また，私法上の不法行為の成否等が問題となった場面において，「前科等をみだりに公開されないという利益」「個人のプライバシーに属する事実をみだりに公表されない利益」が法律上の保護に値する利益であるとし，「大学主催の講演会に参加を申し込んだ学生がその氏名，住所等を他者にみだりに開示されないことへの期待」は法的保護に値するから，上記情報は「プライバシーに係る情報」として法的保護の対象となると判断している。これらの最高裁判例は，A説を基調として，B説を取り込んだ考え方を採用していると評されている。

23.　　①私生活上の事実又は事実らしく受け取られるおそれのある事柄であること（私事性），②一般人の感受性を基準にして当該私人の立場に立った場合，公開を欲さないであろうと認められる事柄であること（秘匿性），③一般の人々にいまだ知られていない事柄であること（非公然性）の3つ（東京地判昭39.9.28,『宴のあと』事件第一審判決）。

□ /	24.	**B**	プライバシー固有情報とプライバシー外延情報について説明しなさい。
□ /			
□ /			

□ /	25.	**B**	自己決定権の意義について説明しなさい。
□ /			
□ /			

□ /	26.	**B**	人格権の意義について説明しなさい。
□ /			
□ /			

□ /	27.	**A**	絶対的平等と相対的平等について説明しなさい。
□ /			
□ /			

□ /	28.	**B**	形式的平等と実質的平等について説明しなさい。
□ /			
□ /			

□ /	29.	**B**	「法の下」（14 I 後段）の意味につき，法適用の平等のみを意味するか，それとも法内容の平等までをも意味するかについて説明しなさい。
□ /			
□ /			

□ /	30.	**B**	「平等」（14 I 後段）の意味について説明しなさい。
□ /			
□ /			

□ /	31.	**B**	「人種」（14 I 後段）の意義について説明しなさい。
□ /			
□ /			

24. プライバシー固有情報＝個人の道徳的自律の存在に直接かかわる情報（ex.　政治的宗教的信条に関する情報，心身に関する情報，犯罪歴に関する情報）をいい，個人の意に反した情報の取得・利用が直ちにプライバシー侵害となる
   プライバシー外延情報＝個人の道徳的自律に直接かかわらない個別的情報（ex.　税に関する情報，単純な情報）をいい，正当な目的・方法により情報を取得・利用する限りにおいては，違法なプライバシー侵害は生じないが，情報の収集・管理・利用・開示のすべてについて原則として本人の意に反してはならない。

25. 一定の重要な私的事項について，公権力から干渉されることなく，自ら決定することができる権利（周辺部分はかなり不明確であり，最高裁は人格権の一内容として理解しているようである）。自己決定権については安易なパターナリズムによって制約が正当化されないように注意する必要がある（厳格な審査が要求される）。

26. 個人の身体的及び精神的な完全性への権利

27. 絶対的平等＝各人の事実上の相違を度外視して，全く同じに扱うこと
   相対的平等＝各人の出生・性・資質・年齢・財産・職業などの事実的・実質的差異を前提に，異なった取扱いを認めるもの

28. 形式的平等（機会の平等とも呼ばれる，近代立憲主義的）＝個人を「人」であるという形式において抽象的に捉えて，平等を考えること
   実質的平等（結果の平等とも呼ばれる，現代立憲主義的）＝個人をその性別や経済環境などの実質において具体的に捉えて，平等を考えること

29. 内容が不平等なら，いくら平等に法を適用しても意味がないこと，法の支配からすれば，立法者も拘束されるはずであることから，法内容の平等までをも意味する（立法者拘束説，最判昭25.1.24）。

30. 各個人の特質に応じて合理的差別を許す，相対的平等を意味する（最大判昭39.5.27等）。

31. 皮膚，毛髪，目，体型等の身体的特徴によって区別される人類学上の種類
   cf.　国籍はこれに当たらない

☐ ／ **32.** **B** 「信条」(14 I 後段) の意義について説明しなさい。
☐ ／
☐ ／

☐ ／ **33.** **B** 「社会的身分」(14 I 後段)の意義について説明しなさい。
☐ ／
☐ ／

☐ ／ **34.** **B** 「門地」(14 I 後段) の意義について説明しなさい。
☐ ／
☐ ／

☐ ／ **35.** **B** アファーマティブアクション（積極的差別是正措置）に対する審査基準について説明しなさい。
☐ ／
☐ ／

☐ ／ **36.** **B** 14条1項後段列挙事由が例示列挙か制限列挙かについて説明しなさい。
☐ ／
☐ ／

☐ ／ **37.** **B** 14条1項後段列挙事由に基づく区別の合憲性判定基準について説明しなさい。
☐ ／
☐ ／

32.　　信条とは，歴史的には主に宗教や信仰を意味したが，今日ではさらに広く思想・世界観等を含むとされる

33.　　人が社会において占める継続的な地位（最大判昭39.5.27）

34.　　家系・血統等の家柄

35.　　14条1項後段列挙事由に基づく区別であっても，積極的差別是正措置の場合には，厳格な審査基準が妥当しないと解する学説が多い（例えば，少数者に不利益を課す立法と異なり，少数者を優遇する立法は，多数派が民主的政治過程を通じて是正することは容易であることを理由とする立場がある）。
　　cf.　積極的差別是正措置は，被差別集団に対し，優先的な処遇を与えるものであるが，これは，少数派を少数派であることを理由として優遇することになるので，多数派に対する「逆差別」になる危険性をはらむとする立場もある。

36.　　不合理な差別的取扱いはすべて禁止されるべきであり，後段の規定には格別の存在意義が認められないので，例示列挙である（最大判昭39.5.27，最大判昭48.4.4）
　　cf.　厳密にいうと判例が明示的に述べているのは，列挙事由のみが14条の問題になり得るという立場を否定することについてである。

37.　　A説＝後段列挙事由は，歴史的に差別されることが多く，民主国家では理由がないと思われるものである。したがって，14条1項後段列挙事由に該当する場合には，違憲の疑いが強いので，厳格な審査が要求され，それ以外の場合には，二重の基準を加味して考える。
　　B説＝およそ人は何らかの形で異なるのが通常なので，その差異をどのように扱うかは基本的に立法府の裁量に委ねるべきである。そこで，事柄の性質に即応して合理性を判断する（最大判昭25.10.11，最大判昭39.5.27）。「事柄の性質」とは，例えば，「重要な法的地位」であること，「自らの意思や努力によっては変えることのできない…事柄」であること（最大判平20.6.4）等である。

☐ ＿／＿＿ **38.** **B** 平等原則違反の審査手法について説明しなさい。
☐ ＿／＿＿
☐ ＿／＿＿

38.　①誰と誰との間に，いかなる区別が存在するのか（そして劣位の取扱いを受けて
　　　いること）を確定する。
　　　↓
　　②①に合理的理由があるか否かを目的手段審査を用いて判断する。目的審査では，
　　　区別事由を正当化し得る立法目的を確定し，その立法目的が憲法的に妥当なも
　　　のかどうかを審査する。手段審査では，目的を達成する手段としてその区別事
　　　由が適合的か（区別事由と目的との関連性），区別に基づく別異取扱いの程度
　　　は正当か（区別事由の比例性）を審査する。

2　人権（精神的自由）

□ ／
□ ／　　**1.**　**B**　思想・良心の自由（19）の効果（「これを侵してはなら
□ ／　　　　　　　ない」の意味）について説明しなさい。

□ ／
□ ／　　**2.**　**A**　思想・良心の意義について説明しなさい。
□ ／

□ ／
□ ／　　**3.**　**B**　謝罪広告の合憲性について説明しなさい。
□ ／

□ ／
□ ／　　**4.**　**B**　信教の自由（20）の内容について説明しなさい。
□ ／

2 人権（精神的自由）

1. 内心にとどまる限りは絶対無制約であり，それにより，以下の原則が導かれる。①特定の思想良心の強制（禁止）の禁止（特定の思想と不可分に結びつく行為の禁止・強制も含む），②思想・良心を理由とする不利益取扱いの禁止，③沈黙の自由。

2. 信条説＝人格形成に役立つ内心の活動のみが人の内面的活動に該当するのであり，人格形成活動に関連のない内心の活動（是非弁別や価値判断といった内心における論理的又は倫理的判断）は19条の保障するところではない。また，人格形成活動に関連のない内心の活動を19条の保障対象とすると，思想・良心の自由の高位の価値を希薄にし，その自由の保障を軽くする。そこで，信仰に準ずる世界観・主義・思想に限定すべきである。
   内心説＝19条の保障対象とされるものとそうでないものとの明確な区別ができないから，世界観に限らず事物に関する是非弁別を含む内心領域一般が保障対象であると解すべきである。
   　cf. 信条説，内心説いずれの立場も単なる事実の知不知は19条の保障対象とならないとする（もっとも，「単なる」事実の知不知といえるか否かは慎重な判断が必要）。
   　cf. 通説は，「思想」と「良心」を同義であると捉えているが，近時は，「思想」は，個人の人格形成の核心をなす世界観や主義，人生観等であり，一方で「良心」は，「何が善であり悪であるかを知らせ，善を命じ，悪を退ける個人の道徳意識」であるとし，保障領域が異なるとする有力説がある。

3. 信条説＝合憲につながりやすい
   内心説＝違憲につながりやすい
   　cf. 判例は立場を明確にすることなく，謝罪広告の合憲性を肯定している（最大判昭31.7.4）。

4. (1) 内心における信仰の自由
   　信仰をもつ自由と信仰をもたない自由
   　信仰を告白する自由と信仰を告白しない自由も含まれる
   (2) 宗教的行為の自由
   　宗教上の儀式や布教宣伝その他の宗教上の行為を行う自由とそのようなことを行わない自由（20Ⅱ）
   (3) 宗教的結社の自由
   　ア　人は，宗教団体の結成・不結成，団体への加入・不加入，団体の成員の継続・脱退につき公権力による干渉を受けない
   　イ　団体が団体としての意思を形成し，その意思実現のための諸活動につき公権力による干渉を受けない（団体自体の自由）

☐ ／
☐ ／
☐ ／　5.　**B**　信教の自由に対する制約の審査基準について説明しな
さい。

☐ ／
☐ ／
☐ ／　6.　**B**　政教分離の意義について説明しなさい。

☐ ／
☐ ／
☐ ／　7.　**B**　政教分離の趣旨について説明しなさい。

☐ ／
☐ ／
☐ ／　8.　**B**　政教分離の法的性格について説明しなさい。

5.　　　信教の自由は，戦前において神道が国家的宗教とされ，軍国主義の精神的支柱となった裏で他の宗教は冷遇された歴史的経緯をふまえ，特に明文で保障された重要な権利であること，信教の自由が精神的自由権の中核をなすことから，一般論としては厳格に審査されるべきである。

　　　cf.　判例もオウム真理教解散命令事件において，「宗教法人に関する法的規制が，信者の宗教上の行為を法的に制約する効果を伴わないとしても，これに何らかの支障を生じさせることがあるとするならば，憲法の保障する精神的自由の一つとしての信教の自由の重要性に思いを致し，憲法がそのような規制を許容するものであるかどうかを慎重に吟味しなければならない」としている（最決平8.1.30）。

6.　　　①「いかなる宗教団体も，国から特権を受け，又は政治上の権力を行使してはならない」（20 I 後段）
　　　②「国及びその機関は，宗教教育その他いかなる宗教的活動もしてはならない」（20 Ⅲ）
　　　　→国家と宗教の分離の原則を明らかにしている
　　　③「公金その他の公の財産は，宗教上の組織若しくは団体の使用，便益若しくは維持のため…これを支出し，又はその利用に供してはならない」（89前段）
　　　　→財政面から政教分離原則を裏付けている
　　　cf.　20条3項にいう「宗教的活動」に含まれない宗教上の行為であっても，国及びその機関がそれへの参加を強制すれば，20条2項に違反することになる（最大判昭52.7.13〜津地鎮祭事件〜）。

7.　　　①信教の自由の保障を確保・強化し，②民主主義を確立・発展させ，③国家と宗教を破壊から救い，堕落から免れしめる。

8.　　　制度的保障説（津地鎮祭事件，最大判昭52.7.13）＝信教の自由そのものを直接保障するものではなく，国家と宗教との分離を制度として保障することにより，間接的に信教の自由の保障を確保しようとするもの。
　　　人権説＝政教分離規定をそれ自体人権保障条項と捉え，政教分離条項によって，国民は信仰に関し，間接的にも圧迫を受けない権利を保障されているとする。
　　　cf.　政教分離は，政教の結合を忌避するのであり，一定の法制度の存続を要請する財産権や地方自治の要請とは事情が異なるから，制度的保障と称するのは適切ではなく，制度の忌避と呼ぶべきであって，原則分離・例外許容の枠組みを用いるべきであるとする立場が有力化している。

☐ ___/___　**9.**　**B**　　政教分離原則違反の場合の救済方法について，制度的
☐ ___/___
☐ ___/___　　　　　　　　　保障説から説明しなさい。

☐ ___/___　**10.**　**B**　　政教分離の程度について説明しなさい。
☐ ___/___
☐ ___/___

9.　制度的保障説を前提とすると，単なる政教分離原則違反は人権という具体的な権利の侵害に関する争いにはならない（「事件性の要件」なし）ため，以下の方法によることになる。

①自己の心情ないし宗教上の感情が害されたとし，不快の念を抱いたとして，これを被侵害利益として，不法行為に基づく損害賠償請求を求める。ただし，判例はこれを否定している（最判平18.6.23）。

②住民訴訟（地自242の2）で争う。もっとも，いわゆる靖国参拝問題などの場合に争えないという問題がある。

10.　目的・効果基準＝憲法は，国家と宗教との完全な分離を理想としていたが，それはあくまでも理想であって，国家と宗教との完全な分離は実際上不可能であり，政教分離原則を完全に貫こうとすれば社会生活上種々の不合理を生ずる。すなわち，国家と宗教との分離にもおのずから一定の限界があることは免れず，国家と宗教とはある程度かかわり合いをもたざるを得ない。

そこで，問題とされている国家と宗教とのかかわり合いが，我が国の社会的，文化的諸条件に照らし相当とされる限度を超えるものと認められる場合，具体的には，当該行為の目的が宗教的意義をもち，その効果が宗教に対する援助，助長，促進又は圧迫，干渉等になるような場合には，「宗教的活動」に当たり，許されない。その際には，当該行為の行われる場所，当該行為に対する一般人の宗教的評価，当該行為者が当該行為を行うについての意図，目的及び宗教的意識の有無，程度，当該行為の一般人に与える効果，影響等，諸般の事情を考慮し，社会通念に従って，客観的に判断しなければならない。

レモンテスト＝①国の行為の目的が世俗的であること，②国の行為の主要な効果がある宗教を援助，助長し，又は抑圧するものではないこと，③国の行為と宗教との間に過度のかかわり合いがないことの3つの要件の1つでもクリアできない場合には違憲とされる（その全てに合致した場合に限り合憲とされる）。

エンドースメントテスト＝「宗教を是認または否認するメッセージを政府が送っているかどうか」，すなわち「その宗教を信じない者に，その者たちがよそ者であり，政府共同体の全き構成者ではないとのメッセージを送り，信仰者に仲間うちの者であり優遇される者であるとのメッセージを送る」かどうかを政教分離原則違反かどうかの判定基準とする。

□ / □ / □ /	**11.**	**B**	学問の自由（23）の内容について説明しなさい。

□ / □ / □ /	**12.**	**B**	学問の自由の趣旨について説明しなさい。

□ / □ / □ /	**13.**	**B**	大学の自治の意義について説明しなさい。

□ / □ / □ /	**14.**	**B**	大学の自治の内容について説明しなさい。

□ / □ / □ /	**15.**	**B**	大学の自治の法的性質について説明しなさい。

□ / □ / □ /	**16.**	**B**	表現の自由（21Ⅰ）の本来的意義について説明しなさい。

□ / □ / □ /	**17.**	**A**	表現の自由の価値について説明しなさい。

11.　(1)　学問研究の自由
　　　　内心の精神活動にとどまるものは絶対的に保障。
　　(2)　研究発表の自由
　　　　研究結果を発表できなければ研究自体が無意味になってしまうので研究発表
　　　の自由も23条で保障される（表現の自由の一部をなすが，学問の特殊性から
　　　特に侵害される危険が高いため，23条で重ねて保障）。
　　(3)　教授の自由
　　　　学問的見解の自由な承継交流による学問の発展のためには，教授の自由を保
　　　障することが必要であるから，23条は教授の自由も保障していると解されて
　　　いる。

12.　　学問は既存の価値や考えを批判し，創造活動を行うことにその本質を持ち，時の
　　権力の干渉を受けやすいので特に保障された。

13.　　大学の運営が研究者，教授（学生）の自主的判断に任されるべきものとする原理

14.　　①研究教育の内容，方法，対象の自己決定権，②教員，研究者の人事及び管理機
　　関人事の自己決定権と身分保障，③予算管理における自己決定権，④大学施設管理
　　上の自治権，⑤学生の管理における自治権

15.　　学問研究の中心として重要な地位を占める大学の本質から学問の自由と密接不可
　　分のものとして制度的保障としての大学の自治が23条によって保障される。

16.　　自己の思想や意見を外部に表明する自由

17.　　自己実現＝個人が言論活動を通じて自己の人格を発展させるという個人的な価値
　　自己統治＝言論活動によって国民が政治的意思決定に関与するという，民主政に
　　　資する社会的な価値
　　思想の自由市場＝真理に到達するためには真実か誤りか問うことなく自由な競争
　　　をさせることが必要であり，表現の自由に対する規制は忌避されるべきである

☐ ／
☐ ／　　**18.**　**A**　　知る権利が保障されるかについて説明しなさい。
☐ ／

☐ ／
☐ ／　　**19.**　**B**　　アクセス権（反論権）の有無について説明しなさい。
☐ ／

☐ ／
☐ ／　　**20.**　**B**　　放送法は，番組編集に当たって，「政治的に公平である
☐ ／　　　　　　　　こと」「意見が対立している問題については，できるだけ
　　　　　　　　　　多くの角度から論点を明らかにすること」（番組編集準
　　　　　　　　　　則），テレビ放送の番組編集に当たって，教養又は教育，
　　　　　　　　　　報道，娯楽の各番組を設け，相互の調和を保つこと（番
　　　　　　　　　　組調和原則）などの規制を設けている。これらの規定の
　　　　　　　　　　合憲性について説明しなさい。

☐ ／
☐ ／　　**21.**　**A**　　報道の自由が21条1項で保障されるかについて説明し
☐ ／　　　　　　　　なさい。

☐ ／
☐ ／　　**22.**　**A**　　取材の自由が21条1項で保障されるかについて説明し
☐ ／　　　　　　　　なさい。

18.　本来双方向であるはずの，他者とのコミュニケーションが，現代ではマスメディアの発達に伴う情報媒体の独占によって情報の送り手と受け手が分離・固定化してしまっている上，情報が社会生活においてもつ意義も飛躍的に増大したため，表現の自由を一般国民の立場から再構成し，表現の受け手の自由を保障するため「知る権利」として捉える必要が顕在化している。そこで，情報の収集活動が公権力によって妨げられないという意味での知る権利は，21条によって保障されると解すべきであり（知る権利の自由権的側面，知る自由），さらに，公権力に対して情報の開示を請求するという意味での知る権利も21条によって保障されるとされる（知る権利の請求権的側面，ただし，抽象的権利）。

19.　メディアは表現の内容を決定する権利を表現の自由によって保障されているが，これを侵害するおそれがあること，アクセス権は積極的権利であり，消極的権利としての表現の自由により保障された権利ということはできないことから，否定される（最判昭62.4.24）。

20.　放送用電波は希少であるので，混信を防止しつつ希少な電波を有効適切に利用するためには，政府はそれにふさわしい放送事業者を選別したり，放送内容に対して一定の規律を課す必要がある（周波数希少論）。また，放送は受け手に特殊で大きな影響力を与えるものである（社会的影響論）。したがって，合憲である（通説）。
　　cf. 判例も，「放送事業者は，限られた電波の使用の免許を受けた者」である（最判昭62.4.24〜サンケイ新聞意見広告事件〜），放送は，「直接かつ即時に全国の視聴者に到達して強い影響力を有している」（最判平2.4.17）としている。
　　cf. 近時は，マスメディアはその寡占化状況により，情報のボトルネックとなっているという側面を指摘し，放送の自由は，国民の知る権利を充足すると同時に，制約・対抗する関係にもあることになるとみて，放送規制によって豊かで多様な情報を確保し，国民の知る権利の実質的な充足を図ることも許されるとする見解がある。

21.　思想・意見と報道される事実の区別は困難であること（編集などにより主観的な価値観が入り得る），国民に判断の資料を提供し，国民の知る権利に奉仕する（実質的なものとする）ことから，21条1項で保障される（定説）。

22.　報道機関の報道が正しい内容をもつために，報道のための取材の自由も，21条の精神に照らし十分尊重に値する。ただし，「公正な裁判」との関係では一歩後退する（博多駅事件，最大決昭44.11.26）。
　　cf. 21条で保障されるべきとする説もある。

| | | 23. | **A** | 検閲（21Ⅱ前段）の意義について説明しなさい。 |

| | | 24. | **B** | 明確性の理論の根拠について説明しなさい。 |

| | | 25. | **B** | 明確性の理論の類型について説明しなさい。 |

| | | 26. | **A** | 明確性の程度について説明しなさい。 |

| | | 27. | **A** | 内容規制の意義について説明しなさい。 |

| | | 28. | **B** | 内容規制に対する審査基準について説明しなさい。 |

23. 判例（最大判昭59.12.12）＝(a)行政権が主体となって，(b)思想内容等の表現物を対象とし，その全部又は一部の発表の禁止を目的として，対象とされる一定の表現物につき網羅的一般的に，(c)発表前にその内容を審査した上，不適当と認めるものの発表を禁止することを，その特質として備えるものを指し，絶対に禁止される。

    学説＝(a)公権力が主体となって，外に発表されるべき(b)思想の内容をあらかじめ審査し，不適当と認める時はその(c)発表を禁止する行為を指し，例外的に認められる場合がある（事前抑制の原則禁止と同内容と解している）。

24. 本来，明確性の理論は，国民への「公正な告知」の保障及び法適用者の恣意的裁量の限定の観点から，刑罰法規について問題となった（31条の適正手続の内容として罪刑法定主義が要請される）。しかし，表現の自由の制約立法については本来合憲的な行為に対する萎縮効果を及ぼすため，これについても明確性が要求される。

25. 漠然性ゆえに無効＝合理的な限定解釈によって法文の漠然不明確性が除去できない場合

    過度の広汎性ゆえに無効＝法文が一応明確でも，規制の範囲があまりにも広汎で違憲的に適用される可能性のある場合

26. 通常の判断能力を有する一般人の理解において，具体的場合に当該行為がその適用を受けるものかどうかの判断を可能ならしめるような基準が読み取れない場合は違憲と解すべきである（最大判昭50.9.10）。

27. 表現の内容に着目した規制であり，見解規制と主題規制がある。見解規制とは，様々な立場・見解・観点がある中で特定の立場・見解・観点のみを禁止するものであり，主題規制とは，特定の主題につき，その主題に関してどのような立場を採るかとは関係なしに，その主題を内容とする表現を禁止するものである。

28. 内容規制は，その内容の表現が言論市場から締め出されてしまうことになるし，権力者が自己に都合の悪い表現内容を規制したのではないかという疑いの余地があるため，一般論として厳格な審査が妥当する。

    特に，見解規制は，特定の立場を公的議論の過程から排除するもので，自己統治・民主政治の理念に反するし，政府が自己に都合の悪い表現を抑圧する危険性も大きいから，極めて厳格な審査が必要となる。他方，主題規制については，特定主題を公的討論の場から全面的に排除してしまう場合には，見解規制と同じ問題をはらみ，厳格な審査が必要であるが，時・場所・態様規制と結合してなされる場合には，公的討論の場に向けて表現する他の回路が開かれている限り，内容中立規制の場合と同様に考えることができ，原則として中間審査が妥当する。

29. **A** 内容中立規制の意義について説明しなさい。

30. **B** 内容中立規制に対する審査基準について説明しなさい。

31. **B** 営利的表現について，表現の自由としての保障が及ぶか，及ぶとして，どの程度の保障が及ぶのかについて説明しなさい。

32. **B** 時・場所・方法の規制の意義について説明しなさい。

33. **B** 間接的・付随的規制の意義について説明しなさい。

34. **A** パブリックフォーラム論の意義について説明しなさい。

29.　　表現の内容には関係なく，表現の手段・方法等を規制する場合のことであり，時・場所・方法の規制がこれにあたる。

30.　　一般論として中間審査が妥当するとされるが，特定内容の表現が言論市場から締め出されたり，あるいは，特定内容の表現に極めて不利に働くという場合には，内容規制と同様に扱うべきである。
　　cf.　中間審査＝目的が重要であること，手段のLRA（立法目的を達成するために規制の程度のより少ない手段が存在するかどうか）を具体的・実質的に審査する。

31.　　国民の知る権利に資するものであるから，表現の自由としての保障が及ばないわけではない。
　　しかし，営利的表現の自由は，発信主体の人格形成に資するものではなく，自己実現の価値が妥当しないし，当該表現をもって政治的意思決定に参加するものではなく，自己統治の価値も妥当しない。また，営利的言論の真実性は，客観的判定になじみやすいので公権力による恣意的な規制のおそれも少ない。そこで，やや緩やかな基準である中間的な審査基準を用いるべきである。

32.　　表現活動の規制を直接の目的とするが，表現内容に着目した規制ではない場合

33.　　何らかの弊害をもたらす行為を規制した結果，たまたま「付随的に」表現活動も規制され得ることになったという場合
　　cf.　判例は，内容規制と内容中立規制を区別し，前者は表明される意見がもたらす弊害を防止するためにその意見の表明そのものを制約するものに限定されるとする。そして，内容規制≒直接的規制，内容中立規制＝間接的・付随的規制（香城理論では，直接的規制／間接的・付随的規制は，表現の自由を超えて，自由権規制一般に妥当するところ，表現の自由に対する規制として引き直したものが内容規制／内容中立規制であると説明されている）と捉え，間接的規制と付随的規制を互換的に用いている。

34.　　表現活動のために公共の場所を利用する権利は，場合によっては，その場所における他の利用を妨げることになっても保障されるとする理論であり，情報の受け手の側に固定されている大衆に，表現行為の場所を確保する。

☐ ／
☐ ／
☐ ／　　**35.** **B** 　パブリックフォーラムの類型について説明しなさい。

☐ ／
☐ ／
☐ ／　　**36.** **A** 　集会の自由（21 I）の定義について説明しなさい。

☐ ／
☐ ／
☐ ／　　**37.** **B** 　集会の自由の重要性について説明しなさい。

35.　①伝統的パブリックフォーラム

　　　伝統や政府の政策によって集会や討論に委ねられてきた場所 (ex. 道路や公園, 広場等)

　　→表現活動のためのアクセスが保障され, 政府は表現行為を全面的に禁止することは許されず, 重要な政策目的を達成するために厳格に作られた表現内容中立的な時, 場所, 方法の規制が, コミュニケーションのための代替的チャンネルが十分に開かれていることを条件として許される。

　　②指定的パブリックフォーラム

　　　政府が表現活動の場所として公衆の利用に供してきた場所 (ex. 公立学校の講堂, 公立公会堂, 公営劇場等)

　　→その施設の開かれた性質をいつまでも保ち続けることを政府は要求されないが, そうしている限りは伝統的パブリックフォーラムで適用されるのと同じ基準に拘束される。

　　③非パブリックフォーラム

　　　たとえ公衆の出入りが自由であったとしても, コミュニケーションのための開かれたフォーラムとはされてこなかった公共用財産 (ex. 公立病院, 福祉事務所, 刑務所, 軍事施設等)

　　→単に話し手の「見解」に反対だという理由だけで表現を抑圧しようとするものでない限り, 表現に対する合理的規制が許される。

36.　多数人が共同の目的を持って一定の場所に一時的に集合する自由

37.　①集会, 結社の自由は, 民主政の過程の維持にとって不可欠であり, 特に, 情報の「送り手」と「受け手」の分離・固定化が顕著になった現代社会においては, 「受け手」である一般国民が主体的に意見表明を行う手段として, 極めて重要な役割を果たす。

　　②「集会は, 国民が様々な意見や情報等に接することにより自己の思想や人格を形成, 発展させ, また, 相互に意見や情報等を伝達, 交流する場として必要であり, さらに, 対外的に意見を表明するための有効な手段である」(成田新法事件, 最大判平4.7.1)。

		38.	**B**	公共施設の使用拒否が許される場合について説明しな
				さい。

		39.	**B**	集団行動の自由は憲法上保障されるかについて説明し
				なさい。

		40.	**B**	集団行動の自由の価値について説明しなさい。

		41.	**A**	結社の自由の意義について説明しなさい。

		42.	**B**	結社の自由の内容について説明しなさい。

		43.	**B**	通信の秘密（21Ⅱ後段）の内容について説明しなさい。

38. 公共施設を利用して集会することは，憲法で保障された国民の権利・自由（地自法244条参照）であるし，利用目的に適う利用である限り，利用によって他者の人権を害する事態は基本的に想定し難い。したがって，管理権者の裁量は限定されるべきであり，使用拒否が許されるのは，①利用競合がある場合，②施設の設備・構造等の外的条件が集会に適さない場合，③施設の利用に他者の権利・自由を侵害する明らかに差し迫った危険性がある場合に限定される。
    cf. 明白かつ現在の危険の法理＝①近い将来，実質的害悪をひき起こす蓋然性が明白であること，②実質的害悪が重大であること，つまり重大な害悪の発生が時間的に切迫していること，③当該規制立法・措置が害悪を避けるのに必要不可欠であることの3つの要件が認められる場合にのみ，表現内容を規制することができる（厳格な基準に属する）とする法理。内容規制の中でも，特に危険性が伴う場合に用いられる基準。

39. 動く「集会」として保障されている。
    cf. 「その他一切の表現の自由」に含まれるとする見解もある。

40. 「思想表現行為としての集団行進等は…これに参加する多数の者が，行進その他の一体的行動によってその共通の主張，要求，観念等を一般公衆等に強く印象づけるために行うものであり，専らこのような一体的行動によってこれを示すところにその本質的な意義と価値がある」（徳島市公安条例事件，最大判昭50.9.10）。

41. 結社の自由の保障は，政治的結社のみならず，経済的・宗教的・学問的・芸術的・社会的など全ての結社に及ぶ（通説）。

42. ①個人が，団体を結成し若しくは結成しないこと，団体に加入し若しくは加入しないこと，団体の構成員としてとどまり若しくは脱退することについて，公権力による干渉を受けないこと，②団体が団体としての意思を形成し，その意思実現のための諸活動について，公権力の干渉を受けないこと。

43. 「通信の秘密」は，手紙や葉書だけでなく，電報や電話などの秘密を含む広い意味に解されており，さらに，通信の内容だけではなく，通信の存在自体に関する事柄にも及ぶ。
    「これを侵してはならない」とは，公権力によって通信の内容及び通信の存在自体に関する事柄について調査の対象とはされないこと（積極的知得行為の禁止）並びに通信業務従事者によって，職務上知り得た通信に関する情報を漏洩されないこと（漏洩行為の禁止）をいう。

2 人権（精神的自由）

3 人権（経済的自由～社会権）

□ /	1.	B	経済的自由権の種類について説明しなさい。

□ /	2.	B	職業選択の自由（22 I）の価値について説明しなさい。

□ /	3.	B	職業選択の自由の意義について説明しなさい。

□ /	4.	B	営業の自由（職業活動の自由）が憲法上保障されるかについて説明しなさい。

□ /	5.	B	職業の自由の制約根拠について説明しなさい。

3　人権（経済的自由～社会権）

1.　職業選択の自由（22），居住移転の自由（22），財産権（29）

2.　「職業は，人が自己の生計を維持するためにする継続的活動であるとともに，分業社会においては，これを通じて社会の存続と発展に寄与する社会的機能分担の活動たる性質を有し，各人が自己のもつ個性を全うすべき場として，個人の人格的価値とも不可分の関連を有する」（最大判昭50.4.30～薬局距離制限規定違憲判決～）。

3.　「その選択，すなわち職業の開始，継続，廃止において自由である」（最大判昭50.4.30～薬局距離制限規定違憲判決～）ことをいう。

4.　「憲法22条１項は，国民の基本的人権の一つとして，職業選択の自由を保障しており，そこで職業選択の自由を保障するというなかには，広く一般に，いわゆる営業の自由を保障する趣旨を包含しているものと解すべきであ」る（小売市場距離制限事件合憲判決，最大判昭47.11.22）。

　　「職業は，ひとりその選択，すなわち職業の開始，継続，廃止において自由であるばかりでなく，選択した職業の遂行自体，すなわちその職業活動の内容，態様においても，原則として自由であることが要請されるのであり，したがって，右規定は，狭義における職業選択の自由のみならず，職業活動の自由の保障をも包含している」（最大判昭50.4.30～薬局距離制限規定違憲判決～）。

5.　①職業は性質上，社会的相互関連性が大きいため（薬局距離制限規定違憲判決，最大判昭50.4.30），無制限な職業活動を許すと，社会生活に不可欠な公共の安全と秩序の維持を脅かす事態が生じるおそれが大きい
　　②社会福祉国家の理念の実現

□ ／
□ ／　6.　**A**　目的二分論について説明しなさい。
□ ／

□ ／
□ ／　7.　**A**　居住・移転の自由（22Ⅰ）の性格について説明しなさい。
□ ／

□ ／
□ ／　8.　**B**　海外渡航の自由（外国旅行の自由）が憲法上保障され
□ ／　　　　　　　るかについて説明しなさい。

6.　①規制の目的が，積極的に，国民経済の健全な発達と国民生活の安定を期し，社会経済全体の均衡のとれた調和的発展を図るためのものである場合には，明白性の原則（立法府がその裁量権を逸脱し，当該規制が著しく不合理であることの明白である場合に限って違憲となる）を用いる。他の利益を実現する手段として対象行為を規制するものであるため，立法目的が正当である限り，立法府として多様な手段を採り得ることから，裁判所が常に他のより緩やかな手段を採るべきであるとして，立法裁量を縛ることができないからである。

②規制の目的が，自由な職業活動が社会公共に対してもたらす弊害を防止するためのものである場合には，厳格な合理性の基準（裁判所が規制の必要性，合理性及び「同じ目的を達成できる，よりゆるやかな規制手段」の有無を立法事実（立法の必要性，合理性を支える社会的・経済的な事実）に基づいて審査する）を用いる。規制対象行為のもたらす弊害除去を目的とするものであるから，当該手段が弊害除去のためのものであることは当然として，他のより緩やかな手段によって弊害が除去できそうなら，その手段を採るよう裁判所として立法府に要求し得るからである。

cf.　目的二分論を否定する見解は，消極目的・積極目的に割り切れない場合も多いこと（公衆浴場距離制限事件，租税立法など），立法者は常に積極目的を掲げて立法を行うことになりかねないこと，消極目的と積極目的とであれば消極目的の方が重要であるはずであるのに，そのための規制の方が厳しい審査を受けるのは本末転倒であることなどを理由とする（判例の見解は不明だが，目的二分論をいかなる場合にも適用しているわけではないことは明らかである）。

7.　(1)　経済的自由としての性格

人が自由に労働の場所を選ぶためには，居住・移転の自由が確保される必要がある。また個人は，自由な移動を通じて，自己の経済生活を維持し発展させることができる。

(2)　人身の自由としての性格

人が自由に住所を定め，自由に移動することは，人間存在の本質に基づく自由である。人身の自由は消極的に単に拘束されないということにとどまらず，積極的に自己の好むところに居住し，又は移転する自由を含む。

(3)　精神的自由としての性格

人が自己の好むところに移動することは，表現の自由・集会の自由・集団行動の自由と密接な関係に立つ。また，移動の自由は，人間の活動領域を拡大することによって，人間的成長を促すとともに，新しい人間的接触の場を取得させる機会を与えることによって人格形成に対する不可欠の条件となる。

8.　22条2項は，外国移住の自由を規定し，外国が入国を認めることを前提に，外国に移住するにつき公権力によって禁止されないことをその内容とするのみならず，海外渡航の自由（外国旅行の自由）も含まれる（最大判昭33.9.10）。

□ __/__　**9.**　**A**　財産権（29）の意義について説明しなさい。
□ __/__
□ __/__

□ __/__　**10.**　**A**　損失補償（29Ⅲ）の要件について説明しなさい。
□ __/__
□ __/__

9.　　　財産は個人の生活に不可欠であり，個人の自由で独立な人格の存在を可能にする経済的基盤であるから，29条1項は，私有財産制度を保障しているのみではなく，国民の個々の財産権につきこれを基本的人権として保障している（森林法共有林事件（最大判昭62.4.22）は，「私有財産制度を保障しているのみでなく，社会的経済的活動の基礎をなす国民の個々の財産権につきこれを基本的人権として保障する」としている）。

10.　　①「公共のために」
　　　広く公共の利益のためにする財産権の侵害を意味し（通説），被収用財産が特定の個人に分配され，その私的な用に供される場合（特定人が受益者となる場合）も含まれる（最判昭29.1.22）。
　　　　cf.　直接公共の用に供する公共事業のために私有財産を局部的に犠牲にする場合に限定されるとする説
　　②「用ひる」
　　　私有財産の侵害をすべて含む（公用制限まで含む）。
　　　　cf.　公用収用に限定する説
　　③特別の犠牲（明文なし）

□ ___/___
□ ___/___
□ ___/___

11. **B** 損失補償の要否（特別の犠牲の意義）について説明しなさい。

11. 　形式的基準と実質的基準による立場（判例？，最大判昭43.11.27）＝一般人に
　　対する制約は，2項による制約として補償不要であるが（平等原則に反しない。
　　なお，だからこそ財産権の本質を侵すような強度の制約は許されないと解され
　　ている），特定人に対する制約は補償が必要である。もっとも，特定人に対す
　　る制約であっても，受忍限度内であれば，財産権の内在的制約として補償は不
　　要である。
　　　そこで，①侵害行為の対象が広く一般人か特定の範囲に属する人かという形
　　式的基準と②侵害行為が財産権に内在する制約として受忍すべき限度内か，そ
　　れを越えて財産権の実質ないしは本質的内容を侵すほど強度なものかという実
　　質的基準の2つによって判断する。

　実質的基準のみによる立場＝①財産権の剥奪又は当該財産権の本来の効用の発揮
　　を妨げることとなるような侵害については，権利者の側にこれを受忍すべき理
　　由がある場合でない限り当然に補償を要する。
　　　②その程度に至らない規制については，(a)当該財産権の規制が社会的共同生
　　活の調和を保っていくために必要とされるものである場合（ex. 建築制限）
　　には，財産権に内在する社会的拘束の表れとして補償は不要（内在的制約に当
　　たる）であるが，(b)他の特定の公益目的のため当該財産権の本来の社会的効用
　　とは無関係に偶然に課せられるもの（ex. 重要文化財の保全のための制度）
　　である場合には，補償が必要である。

　cf. 行政法学においては，①侵害行為の特殊性（一般的か個別的か），②侵害
　　　行為の強度（財産権の本質を侵すほど強度か，内在的制約か），③侵害行為
　　　の目的（積極的か消極的か），④規制行為の態様（現状変更か現状凍結か），
　　　⑤財産の要保護性（規制を受ける原因が権利者側にあるか，そうではないか），
　　　⑥制限の期間等を具体的な事案において総合考慮して「特別の犠牲」に該当す
　　　るか検討すべきであるとされており，近時は憲法学においても，二要件説と
　　　一要件説の対立という形式的な対立図式を離れ，個別具体的に決すべきであ
　　　るとする見解も有力である。

3
人権（経済的自由〜社会権）

□　／
□　／　　12.　**A**　　「正当な補償」（29Ⅲ）の意義について説明しなさい。
□　／

□　／
□　／　　13.　**B**　　損失補償規定を欠く場合の処理（29Ⅲに基づく直接補
□　／　　　　　　　　償請求の可否）について説明しなさい。

□　／
□　／　　14.　**B**　　予防接種禍（国家により予防接種が強制され，副作用
□　／　　　　　　　　で生命・身体に被害を受けたが，国家に故意・過失がな
　　　　　　　　　　　い場合）の救済方法について説明しなさい。

12.　完全補償説＝財産権の侵害・剥奪により生じた損失の全てを補償しなければならない。

相当補償説＝その財産権に対して制限を加える目的たる公共の必要の程度，それを必要とした社会的・経済的事情なども考慮して算出される相当又は合理的な額について補償すれば足りる。

cf.　最大判昭28.12.23（農地改革事件）は，「憲法29条3項にいうところの財産権を公共の用に供する場合の正当な補償とは，その当時の経済状態において成立することを考えられる価格に基き，合理的に算出された相当な額をいうのであって，必ずしも常にかかる価格と完全に一致することを要するものではない」としており，相当補償説に立つとみられる判示を行っていたが，農地改革の事案に対するものであり，先例的価値は限定的であるとする指摘があった。

そして，最判昭48.10.18（土地収用法事件）は，「土地収用法における損失の補償は，特別な犠牲の回復をはかることを目的とするものであるから，完全な補償，すなわち，収用の前後を通じて被収用者の財産価値を等しくならしめるような補償をなすべきであり，金銭をもって補償する場合には，被収用者が近傍において被収用地と同等の代替地等を取得することをうるに足りる金額の補償を要する」としており，判例は完全補償説に立つものと思われた。

しかし，その後，判例は，判例①を引用し，判例①の先例的価値が限定的ではないことを明らかにした（最判平14.6.11）。

13.　補償についての法律の規定がなくても，29条3項を直接の根拠として裁判手続により補償を請求できるため，法令全体が直ちに違憲無効となるわけではない（河川付近地制限令違反事件，最大判昭43.11.27）。

cf.　本判例は，ある法令上の制限によって原則的・一般的に補償が想定されるケースと，例外的・個別的にしか想定されないケースとに分け，後者の場合に（のみ），当該法令における補償規定の欠如を憲法上許容しているとみ得る（前者のケースで補償が必要と解されるにもかかわらず，補償規定を欠いている場合は法令全体が違憲無効となる。）。そして，後者の場合であっても，河川付近地制限令4条が「あらゆる場合について一切の損失補償を全く否定する趣旨とまでは解され」ないことから，29条3項に基づく直接補償請求権を導いていることからして，「あらゆる場合について一切の損失補償を全く否定する趣旨」の場合には，これを違憲無効とする可能性を排除していない。

14.　A説＝「過失」を緩やかに認め，国家賠償請求によるべきであるとする説（最判平3.4.19参照）

B説＝29条3項を類推して損失補償の規定によるべきであるとする説（東京地判昭59.5.18）

15. **B** 適正手続 (31) の意義について説明しなさい。

16. **B** 「法律の定める手続」(31) の意義について説明しなさい。

17. **B** 行政手続にも31条の適用があるかについて説明しなさい。

18. **B** 行政手続にも35条，38条が及ぶかについて説明しなさい。

19. **B** 選挙権の意義と趣旨について説明しなさい。

20. **B** 選挙権の法的性格について説明しなさい。

21. **B** 被選挙権（立候補の自由）が憲法上保障されるかについて説明しなさい。

15.　「何人も，法律の定める手続によらなければ，その生命若しくは，自由を奪われ，又はその他の刑罰を科されない」（31）

16.　手続の法定のみならず，手続の適正まで要求される（定説）。また，実体の法定・適正まで要求される（通説）。

17.　31条は本来刑事手続を対象としているが，31条が刑事手続について規定したのは，近代消極国家の下において刑罰権が国民の権利・自由に対する最大の脅威であったからにすぎない。また，今日では福祉国家理念の下，国家が国民生活に対し多種多様な形でかかわりを持つようになってきており，行政権の行使による国民の権利・自由の侵害の危険性が大きくなっている。しかし，行政手続にも多種多様なものがあり，その中には特に緊急性の要請されるものもあるから，このようなものについて31条を常に適用すると行政目的の円滑迅速な達成を阻害することになってしまう。

　そこで，行政手続にも31条の保障が及ぶか否かは，行政処分により制限を受ける権利利益の内容，性質，制限の程度，行政処分により達成しようとする公益の内容，程度，緊急性等を総合較量して決定されるべきである（成田新法事件，最大判平4.7.1）。

18.　35条・38条は行政手続にも及ぶ（適用ないし準用される）場合があるが，刑事責任の追及を目的とする手続であるか，当該強制が刑事責任追及のための資料収集の作用を一般的に有しているか否か，強制の態様程度如何，当該強制の目的は何か，目的と手段（強制）との均衡の有無等を考慮して，個別具体的に判断すべきである（最大判昭47.11.22）。

19.　選挙権とは，有権者団の構成員たり得る資格をいう。その趣旨は，国民主権の具体的行使形態として国民に国政への参加を保障することにあり，代表民主制の下では，国民が現実に主権を行使し得るのは原則として選挙においてであるから，選挙権は極めて重要な権利である。

20.　二元説＝選挙権は，機関としての公務という側面と公務に参加することを通じて国政に関する自己の意思を表明することができるという個人の主観的権利という側面の二面性をもつ。
　　cf．権利一元説

21.　明文はないものの，被選挙権は選挙権と表裏の関係にあることから，15条1項により保障されているとされる（最大判昭43.12.4，三井美唄労組事件）。

☐ ／
☐ ／　　**22.** **B**　生存権（25）の意義について説明しなさい。
☐ ／

☐ ／
☐ ／　　**23.** **B**　生存権の趣旨について説明しなさい。
☐ ／

☐ ／
☐ ／　　**24.** **A**　生存権の法的性格について説明しなさい。
☐ ／

☐ ／
☐ ／　　**25.** **B**　生存権の制約に対する審査基準について説明しなさい。
☐ ／

22.　「健康で文化的な最低限度の生活を営む権利」。すなわち，生存又は生活のために必要な条件の確保を要求する権利である。

23.　資本主義の高度化により発生した経済的・社会的弱者を救済し，もって個人の尊厳を確保する。

24.　プログラム規定説＝25条は，国が国民の生存を確保するよう努力すべき政治的・道徳的義務を定めたものにすぎないのであって国民に対する法的権利を定めたものではない（法規範性なし）。

抽象的権利説＝国民は直接25条を根拠として裁判所に救済を求めることはできないが，法律が制定されていれば裁判所に救済を求めることができる。

具体的権利説＝国民は法律が制定されていなくても，25条を直接の根拠として立法不作為の違憲確認訴訟を提起できる（具体的権利説によっても，25条を根拠とする直接の給付請求は認められない）。

cf.　生存権には，自由権的側面（国民自らが自らの手で生活を維持することを侵害するような国家行為を排除する側面）もある（ex.「健康で文化的な最低限度の生活」を下回らせる課税等の負担（最判平元.2.7））。

25.　学説＝少なくとも，国民の置かれた具体的状況が憲法の想定する最低限度に達しているか否かについては，ある程度厳格に審査すべきとする。

判例＝立法裁量を広く認め，明白性の原則を採用する（堀木訴訟，最大判昭57.7.7）。

3
人権（経済的自由〜社会権）

□ ___/___ 　26.　**B**　　生存権の裁判所における争い方について説明しなさい。
□ ___/___
□ ___/___

□ ___/___ 　27.　**A**　　教育を受ける権利について規定した26条1項と2項の
□ ___/___ 　　　　　　　　構造（教育を受ける権利の性質）について説明しなさい。
□ ___/___

26.　⑴　生存権を具体化する法律の規定の合憲性を争う（ex. 堀木訴訟，最大判昭57.7.7）

⑵　生存権を具体化する法律の不存在を争う（ex. 生存権を保障する法律がない場合に，当該立法不作為を争う場合）

　ア　立法義務付け訴訟＝国会の立法裁量を侵害するため，不可

　イ　立法不作為の違憲確認訴訟＝抽象的権利説と具体的権利説で結論が分かれる

　ウ　国家賠償請求

⑶　生存権の自由権的側面の侵害を争う（ex.「健康で文化的な最低限度の生活」を下回らせる課税等の負担（最判平元.2.7））

⑷　生存権を具体化する法律の不十分性（不備）を争う（立法不作為の一形態，ex. 学生無年金障害者訴訟，最判平19.9.28）

⑸　生存権を具体化する法律の存在を前提として，行政処分の合憲性を争う（ex. 朝日訴訟，最大判昭42.5.24）

⑹　生存権を具体化する法律の改廃の合憲性を争う（ex. 老齢加算廃止事件，最判平24.2.28）

27.　26条1項は，「すべて国民は，法律の定めるところにより，その能力に応じて，ひとしく教育を受ける権利を有する」と規定するところ，権利の性質上，教育を受ける権利は子供に対して保障されることから，子供の学習権を保障したものである（旭川学テ事件，最大判昭51.5.21）。

　また，26条2項は，「すべて国民は，法律の定めるところにより，その保護する子女に普通教育を受けさせる義務を負ふ」と規定するところ，第一次的には，親ないし親権者が義務を負い，国は，教育制度を維持し，教育条件を整備すべき義務を負うことを規定したものである。

☐ ／	**28.** **B**	教育権の所在について説明しなさい。
☐ ／		
☐ ／		

☐ ／	**29.** **A**	労働基本権の内容について説明しなさい。
☐ ／		
☐ ／		

28.　国家教育権説（A説）＝教育内容を決定する権限は国にある。
　　　国民教育権説（B説）＝教育内容を決定する権限は親・教師を中心とする国民全体にある。
　　　判例（最大判昭51.5.21，旭川学テ事件）＝A，B説は，いずれも一方かつ極端であるし，子供には，将来において人間的に成長するという学習権が生来的権利として認められ，教育内容は専らこの学習権を充足させるように決定されるべきである。そこで，親，教師，国のいずれもが教育内容を決定する主体となることを認めた上で，各々の権能の範囲を以下のように画定する。
　　　①親：主に家庭教育等，学校外の教育，学校の選択について決定権あり。
　　　②教師：教育内容決定権を持つ（私学教育の自由も限られた範囲において認められる）も，子供の批判能力の欠如，子供に選択の余地が乏しいこと，全国的に一定水準の教育内容を確保する必要があることから制約あり。
　　　③国：親，教師の権利（自由）の妥当する範囲外で，子供自身，あるいは社会公共の利益のため，必要かつ相当な範囲において教育内容について介入することができるが，政治的影響によって自由かつ独立の人格として成長することを妨げるような国家的介入は認められない。
　　　cf.　ただし，判例は教師の一定の範囲の教育の自由を23条によって認めている（旭川学テ事件，最大判昭51.5.21）。

29.　①団結権＝労働条件の維持・改善のために使用者と対等の交渉ができる団体を結成したり，それに参加したりする権利
　　　②団体交渉権＝労働者の団体がその代表を通じて，労働条件について使用者と交渉する権利
　　　③団体行動権＝労働者の団体が労働条件の実現を図るために団体行動を行う権利であり，その中心は争議行為

4 統 治

□ ／
□ ／   1.   **B**   最高裁判所裁判官国民審査の合憲性（棄権の自由には，
□ ／   ①投票所に赴くことを強制されない自由，②有効投票に
                     なるよう強制されない自由があるところ，最高裁判所裁
                     判官国民審査の投票においては，現在罷免を可としない
                     票は罷免不可と扱われているため，有効投票になるよう
                     強制されないという意味（②の意味）での棄権の自由が
                     認められておらず，思想良心の自由を侵害するのではな
                     いか）について説明しなさい。

□ ／
□ ／   2.   **A**   委任立法（委任命令）の可否について説明しなさい。
□ ／

□ ／
□ ／   3.   **A**   委任命令の限界について説明しなさい。
□ ／

□ ／
□ ／   4.   **A**   司法権（76 Ⅰ）の意義について説明しなさい。
□ ／

4 統 治

1. 解職制度説からすれば，積極的に罷免の意思を持つ者とそうでない者の数の比較ができればよいので，無印投票がすべて信任投票とされ，棄権票を認めていない現行制度は，良心の自由を何ら制限するものではなく，むしろ解職制度の性質に照らし適合的である。また，罷免を積極的に可としない票を罷免不可として扱わない場合には，少数の国民の意見によって裁判官の地位が左右されることになりかねず，不合理である。よって，合憲である（最大判昭27.2.20）。

2. 福祉国家（25以下）の実現のためには，行政権が迅速に国民生活に介入することが求められており，専門的知識を有し，機動性に富む行政機関に立法を委ねる必要性が高いし，憲法は，委任命令の存在を予定していると解される規定（73⑥ただし書）をおいている。そこで，法律（授権法）に目的と受任者の拠るべき基準を定める必要があり，個別的・具体的委任があれば，許される（一般的・包括的委任は不可）。
   そして，「基準」が適切か否かは，①委任された権限の大小，②詳細な基準を法律で定めることの実効性（立法過程と行政過程のいずれが問題の解決に適しているか），③受任者の裁量の濫用に対する保護の有無，④委任事項の内容（罰則か否か）等の事情を総合的に考慮して判断する。
   cf. 必ずしも具体的な委任規定がなければならないわけではない点に注意。猿払事件（最大判昭49.11.6）における大隅裁判官らの反対意見は，「一般論として，国会が，法律自体の中で，特定の事項に限定してこれに関する具体的な内容の規定を他の国家機関に委任することは，その合理的必要性があり，かつ，右の具体的な定めがほしいままにされることのないように当該機関を指導又は制約すべき目標，基準，考慮すべき要素等を指示してするものであるかぎり，必ずしも憲法に違反するものということはできず，また，右の指示も，委任を定める規定自体の中でこれを明示する必要はなく，当該法律の他の規定や法律全体を通じて合理的に導き出されるものであってもよいと解される。」と述べている。

3. 授権規定の文理のほか，授権規定が下位法令に委任した趣旨，授権法の趣旨・目的及び仕組みとの整合性，委任命令によって制限される権利ないし利益の性質等を考慮して，当該委任の範囲を超えている場合には，委任命令は違法となる。

4. 「司法」とは，①具体的な争訟について，②法を適用し，宣言することによって，これを裁定する国家の作用をいう（最大判昭27.10.8参照）。

		5.	**A**	「法律上の争訟」（裁判所法３Ⅰ）の意義について説明しなさい。

		6.	**A**	統治行為論について説明しなさい。

		7.	**B**	統治行為論を肯定すべきかについて説明しなさい。

		8.	**A**	部分社会の法理について説明しなさい。

		9.	**A**	部分社会の法理を肯定すべきか説明しなさい。

		10.	**B**	最高裁判所裁判官の国民審査（79ⅡⅢ）の法的性質について説明しなさい。

		11.	**A**	32条と82条の「裁判」の意義について説明しなさい。

5. ⓐ当事者間の具体的な法律関係ないし権利義務の存否に関する紛争であって，ⓑ法令の適用により終局的に解決できるもの（最判昭56.4.7）。

6. 一般に，「直接国家統治の基本に関する高度に政治性のある国家行為」で，「法律上の争訟」として裁判所による法律的な判断が理論的には可能であるのに，事柄の性質上，司法審査の対象から除外する理論をいう。

7. 司法権の内在的制約から認めるべきであるが（判例？最大判昭35.6.8），他の法理（自律権論や自由裁量論）によって説明できる場合は，そちらによるべきである。主に国民主権の観点から，非民主的機関である裁判所が責任を負うことができない場合はあるが，統治行為論は，憲法上の根拠がないからである。

8. 団体の内部自治を根拠に，自律的な法規範を有する特殊な部分社会について，内部紛争は司法審査の対象にならないとする法理である。ただし，国民の権利保護の観点から一般市民法秩序と接点がある問題については司法審査の対象となるとされる。

9. 憲法の規定を欠くため，部分社会の法理を認めるべきではなく，憲法の明文規定をもって根拠付けるべきである。

10. 任命行為説＝「任命は…審査に付し」という文言から，任命行為とする。
解職制度説（最大判昭27.2.20）＝「…罷免される」という文言から，解職制度とする。
折衷説＝原則として解職の制度であるが，1回目の国民審査のみ任命行為としての性質を併せ持つ。

11. 判例（最大決昭35.7.6，最大判昭40.6.30，最大決昭45.6.24）＝32条と82条の「裁判」を同意義にとらえ，実体的権利義務の存否を終局的に確定する純然たる訴訟事件についての裁判を意味するとする。その結果,公開を要する「裁判」の範囲は，純然たる訴訟事件についての裁判に限られる。
学説＝32条の「裁判」と82条の「裁判」の意味は異なるとし，32条は82条で保障される公開・対審・判決の手続を原則としつつ，その事件の内容・性質に応じた最も適切な手続の整った裁判を受ける権利を保障したものと解する。

4 統治

□ ／	12. **A**
□ ／	
□ ／	

89条後段の趣旨について説明しなさい。

□ ／	13. **B**
□ ／	
□ ／	

「公の支配」（89後段）の意義について説明しなさい。

□ ／	14. **B**
□ ／	
□ ／	

「法律の範囲」（94）の判断基準について説明しなさい。

□ ／	15. **B**
□ ／	
□ ／	

違憲審査制（81）の根拠について説明しなさい。

12. 厳格説（自主性確保説）＝89条後段の趣旨は公金支出で私的団体の独自性が奪
   われることを防ぐ点にある。
   緩和説（濫費防止説，下級審判例？東京高判平2.1.29）＝89条後段の趣旨は公
   金の濫費を防止する点にある。
   89条前段と後段を一体として捉える説＝89条後段も政教分離を目的とする規定
   である。

13. 厳格説から＝自主性が失われるほど強度に支配されていることを意味する
   緩和説から＝濫費を防止する程度の監督・コントロールで足りる
   89条前段と後段を一体として捉える説から＝実質的な宗教への支援とならない
   ようなコントロールで足りる

14. 条例が国の法令に違反するかどうかは，両者の対象事項と規定文言を対比するの
   みでなく，それぞれの趣旨，目的，内容及び効果を比較し，両者の間に矛盾牴触が
   あるかどうかによってこれを決しなければならない。
   例えば，ある事項について国の法令中にこれを規律する明文の規定がない場合で
   も，当該法令全体からみて，右規定の欠如が特に当該事項についていかなる規制を
   も施すことなく放置すべきものとする趣旨であると解されるときは，これについて
   規律を設ける条例の規定は国の法令に違反することとなりうるし，逆に，特定事項
   についてこれを規律する国の法令と条例とが併存する場合でも，後者が前者とは別
   の目的に基づく規律を意図するものであり，その適用によって前者の規定の意図す
   る目的と効果をなんら阻害することがないときや，両者が同一の目的に出たもので
   あっても，国の法令が必ずしもその規定によって全国的に一律に同一内容の規制を
   施す趣旨ではなく，それぞれの普通地方公共団体において，その地方の実情に応じ
   て，別段の規制を施すことを容認する趣旨であると解されるときは，国の法令と条
   例との間にはなんらの矛盾牴触はなく，条例が国の法令に違反する問題は生じえな
   いのである（徳島市公安条例事件，最大判昭50.9.10）。

15. 「憲法第81条の規定は，第98条第1項に『この憲法は，国の最高法規であって，
   その条規に反する法律，命令，詔勅及び国務に関するその他の行為の全部又は一部
   は，その効力を有しない』とある規定と密接な表裏の関係が存することも明白であ
   る。さらに，第76条第3項においては，『すべて裁判官は，その良心に従ひ独立し
   てその職権を行ひ，この憲法及び法律にのみ拘束される』と規定し，又第99条に
   おいては，『天皇又は摂政及び国務大臣，国会議員，裁判官その他の公務員は，こ
   の憲法を尊重し擁護する義務を負ふ』と規定し，裁判所の憲法遵守義務を明かに定
   めているのである。現今通常一般には，最高裁判所の違憲審査権は，憲法第81条
   によって定められていると説かれるが，一層根本的な考方からすれば，よしやかか
   る規定がなくとも，第98条の最高法規の規定又は第76条若しくは第99条の裁判
   官の憲法遵守義務の規定から，違憲審査権は十分に抽出され得るのである」（最大
   判昭23.7.8）。

16. **A** 違憲審査の方法について説明しなさい。

17. **B** 条約と憲法いずれが優先するかについて説明しなさい。

18. **B** 条約に対する違憲審査の可否（憲法優位説から）について説明しなさい。

19. **B** 立法不作為の違憲性の争い方について説明しなさい。

16. 抽象的審査制説＝裁判所が具体的事件に即して，憲法判断ができるのは当然であり，81条が事件解決の前提としてのみ合憲性審査権を認めたと解することは81条の積極的意義を看過している。

　　付随的審査制説（最大判昭27.10.8）＝①81条が抽象的審査権を認める趣旨であるならば，手続・提訴権者・判決の効力等について憲法上の規定がおかれるべきであるが，日本国憲法には存在していない，②81条は，具体的争訟事件について，法を適用し宣言することにより，その争いを裁定し解決する国家作用について規定する76条と同じ第6章にある。

　　cf. 法律で憲法裁判権を最高裁判所に与えることまで禁止したものではないと解する見解もある（判例（最大判昭27.10.8）も，「現行の制度の下においては」「法令上何等の根拠も存しない」との文言を用いている）。

17. 憲法優位説＝①簡易な手続で憲法を改正する手段は認められない，②条約締結，承認権を授権したのは憲法である。

　　条約優位説＝98条2項の国際協調主義・国際慣習法の確立

18. 肯定説＝①国内法としての効力がある面については，「法律」に準じて判断できる，②政治的内容をもつものが多いことは，一般的に憲法判断を否定する理由にならない。

　　否定説＝①81条からは意識的に条約が除かれている，②条約は政治的内容をもつものが多い。

　　cf. 判例も，条約が違憲審査の対象となり得ることを認めている（最大判昭34.12.16，砂川事件）。

19. ①立法義務付け訴訟→国会の立法権を侵害するため，認められない。

　　②立法不作為の違憲確認訴訟→現行法上違憲確認の訴えという類型は認められておらず，現実に認められるか問題であるし，立法の違憲確認訴訟まで認められかねず，付随的審査制に反するため，認められない。

　　③国家賠償請求訴訟→国賠法1Ⅰの要件を満たせば認められる。

4
統
治

☐ / ☐ / ☐ /	**20.**	Ⓑ	立法不作為は，どのような要件の下で「違法」（国賠法1Ⅰ）となるかについて説明しなさい。

☐ / ☐ / ☐ /	**21.**	Ⓑ	憲法上の争点提起についての適格（憲法上の当事者適格，違憲主張の利益）の類型について説明しなさい。

☐ / ☐ / ☐ /	**22.**	Ⓑ	法令中の他の規定の援用の可否について説明しなさい。

☐ / ☐ / ☐ /	**23.**	Ⓑ	第三者の権利の援用の可否について説明しなさい。

20. 立法内容と立法行為は峻別すべきであり，立法内容が違憲（立法不作為が違憲）状態にあっても，必ずしも国家賠償法上の違法性とは同一ではない（職務行為基準説）。したがって，①立法の内容又は立法不作為が国民に憲法上保障されている権利を違法に侵害するものであることが明白な場合や，②－1国民に憲法上保障されている権利行使の機会を確保するために所要の立法措置を執ることが必要不可欠であり，②－2明白であるにもかかわらず，②－3国会が正当な理由なく長期にわたってこれを怠る場合などには，「違法」となる（最大判平17.9.14）。

　　cf. 近時判例は，「法律の規定が憲法上保障され又は保護されている権利利益を合理的な理由なく制約するものとして憲法の規定に違反するものであることが明白であるにもかかわらず，国会が正当な理由なく長期にわたってその改廃等の立法措置を怠る場合などにおいては，国会議員の立法過程における行動が上記職務上の法的義務に違反したものとして，例外的に，その立法不作為は，国家賠償法1条1項の規定の適用上違法の評価を受けることがある」と述べ，違憲の明白性・期間の要件という新たな基準を示した（最大判平27.12.16 ～再婚禁止期間（新判例））。

---

21. 付随的審査制からは，原則として自己に適用される法令・処分等により，自己の憲法上の権利・利益を，現実的・実質的・直接的に侵害されている場合にのみ法令・処分の違憲を争い得ることから，法令中の他の規定を援用することはできるか，第三者の権利を援用することはできるかという点が問題となる。

---

22. 訴訟の当事者は，原則として自己に適用されない法規定の違憲を主張することはできないが（付随的審査制），同じ法令中にあり，適用規定と密接不可分の関係にある他の規定の違憲を主張すること，あるいは法令全体の違憲を主張することは許されると解される。

---

23. ①特定の第三者の権利の援用（現実に第三者の権利が侵害されている場合）
　　違憲を主張する者の利益の程度，援用される憲法上の権利の性格，違憲の主張をする者と第三者の関係，第三者が別の訴訟で自己の権利侵害につき違憲の主張をすることの可能性等の要素を考慮し，その主張を当事者にさせることが適切な状況にあり，またそのことが第三者に実質的な不利益を与えるおそれがない限り，主張の適格を認めてよい。

②不特定の第三者の権利の援用（第三者に対する権利侵害の可能性がある場合）
　　自己に対する適用は合憲であっても，不特定の第三者に適用される場合には違憲の可能性がある場合（規制が一定限度を超えて不明確であったり，過度に広汎な場合）は，当該法規は文面上無効とされる。すなわち，かかる法規については，仮に自己に対する適用だけをみれば正当な規制にみえるとしても，本来当事者の行為に関わらず違憲なのであるから，そのような場合に限っては，当該法規の不明確性や過度の広汎性を理由に違憲の主張をすることが認められるべきである。

☐ ／
☐ ／ ____ **24.** **B** 合憲限定解釈の限界について説明しなさい。
☐ ／

☐ ／
☐ ／ ____ **25.** **B** 違憲判断の方法について説明しなさい。
☐ ／

☐ ／
☐ ／ ____ **26.** **B** 適用違憲（処分違法，処分違憲）の類型について説明
☐ ／ しなさい。

☐ ／
☐ ／ ____ **27.** **B** 立法事実と司法事実の意義について説明しなさい。
☐ ／

☐ ／
☐ ／ ____ **28.** **B** 厳格な審査基準について説明しなさい。
☐ ／

24. 　　法文上に書き込まれるわけではないので，法文の不明確性が依然として存在し，法律の予見機能を失わせるという問題があるため，①規制の対象となるものとそうでないものが明確に区別され，かつ，合憲的に規制しうるもののみが規制の対象となることが明らかにされる場合であること，②一般国民の理解において，具体的場合に当該表現物（行為）が規制の対象となるかどうかの判断を可能ならしめることの２つの要件を満たすことが必要になる（最大判昭59.12.12）。

25. 　①法令違憲＝事件に適用される法令の規定そのものの，全部又は一部を違憲無効とする判断
　②適用違憲＝法令の規定それ自体は違憲とせずに，法令の規定が当該事件に適用される限りにおいて違憲であるとする判断

26. 　①法令を合憲的に限定解釈することがそもそも不可能な場合に，その法令を当該事件に適用することが違憲であるとする方法（第１類型，適用違憲）
　②法令についての合憲限定解釈が可能であるにもかかわらず，そうせずに法令を適用した場合に，そのような解釈・適用をその限りで違憲とする方法（第２類型，処分違法）
　③法令そのものは合憲でも，執行者がそれを憲法で保障された人権を侵害するような形で適用した場合に，その解釈適用行為を違憲とする方法（第３類型，処分違憲）

27. 　立法事実＝立法の基礎を形成し，かつ，その合理性を支える社会的・経済的等の一般的事実
　司法事実＝当事者及び事件に関する事実

28. 　①必要最小限度の基準＝目的が必要不可欠であり（やむにやまれぬ利益の確保），手段が必要最小限度（ex. 表現の自由の内容規制）。立法による人権の制限・禁止が「合理的で必要やむを得ない限度」か否かを厳格に審査している場合も厳格な審査基準といえる（ex. 在外邦人選挙権確認訴訟（最大判平17.9.14））。
　②明白かつ現在の危険の法理＝(a)近い将来，実質的害悪をひき起こす蓋然性が明白であり，(b)実質的害悪が重大であること，つまり重大な害悪の発生が時間的に切迫していること，(c)当該規制立法が害悪を避けるのに必要不可欠であること。内容規制の中でも，特に危険性が伴う場合に用いられる基準（ex. 煽動行為）
　③LRAの基準＝目的が重要であり，より制限的でない他に選び得る手段がないこと（ex. 表現内容中立規制）。LRAの基準については中間的な審査基準に分類されることもある。

4
統
治

□　／
□　／　　**29.** **B**　　厳格な合理性の基準（中間的な審査基準）について説
□　／　　　　　　　明しなさい。

□　／
□　／　　**30.** **B**　　合理性の基準（立法事実の審査に踏み込まない方法）
□　／　　　　　　　について説明しなさい。

29. 　目的が重要であり，手段と目的との実質的関連性（or LRA）。経済的自由権の消極目的規制（薬局距離制限規定違憲判決（最大判昭50.4.30）は，「職業の自由に対する強力な制限である」場合には，「重要な公共の利益のために必要かつ合理的な措置であること」を要するとする。

30. 　①明白性の原則＝目的が正当であり，手段が著しく不合理であることが明白でないこと（ex. 経済的自由権の積極目的規制，社会福祉立法，租税立法）
　　　②合理的関連性の基準＝目的が正当であり，手段と目的との間の合理的関連性
　　　③単純な比較衡量の基準

重要判例要旨一覧

アガルート講師陣が重要と考える
憲法の判例をセレクトし，特に記
憶してほしいキーワード及び結論
部分を強調している。赤シートを
用いることにより，穴埋め問題の
形式になる。

☐ ／　☐ ／　☐ ／

第１編　基本的人権

最判平7.2.28

外国人の基本的人権の保障範囲について，文章中の空欄を埋めなさい。

「憲法第３章の諸規定による基本的人権の保障は，<u>権利の性質上</u>日本国民のみをその対象としていると解されるものを除き，我が国に在留する外国人に対しても等しく及ぶ」

憲法15条１項にいう公務員を選定罷免する権利の保障が我が国に在留する外国人に対しても及ぶものと解すべきか否かについて，文章中の空欄を埋めなさい。

「そこで，憲法15条１項にいう公務員を選定罷免する権利の保障が我が国に在留する外国人に対しても及ぶものと解すべきか否かについて考えると，憲法の右規定は，国民主権の原理に基づき，<u>公務員の終局的任免権が国民に存すること</u>を表明したものにほかならないところ，主権が『日本国民』に存するものとする憲法前文及び１条の規定に照らせば，憲法の国民主権の原理における国民とは，<u>日本国民すなわち我が国の国籍を有する者を意味する</u>……。そうとすれば，公務員を選定罷免する権利を保障した憲法15条１項の規定は，<u>権利の性質上日本国民</u>のみをその対象とし，右規定による権利の保障は，我が国に在留する外国人には及ばない」「……93条２項にいう『住民』とは，<u>地方公共団体の区域内に住所を有する日本国民を意味するもの</u>……であり，右規定は，我が国に在留する外国人に対して，地方公共団体の長，その議会の議員等の選挙の権利を保障したものということはできない。」「憲法第８章の地方自治に関する規定は，民主主義社会における地方自治の重要性に鑑み，住民の<u>日常生活に密接な関連を有する公共的事務は，その地方の住民の意思に基づきその区域の地方公共団体が処理するという政治形態を憲法上の制度として保障しようとする</u>趣旨に出たものと解されるから，我が国に在留する外国人のうちでも<u>永住者等</u>であって，<u>その居住する区域の地方公共団体と特段に緊密な関係を持つに至った</u>と認められるものについて，その意思を日常生活に密接な関連を有する地方公共団体の公共的事務の処理に反映させるべく，法律をもって，地方公共団体の長，その議会の議員等に対する選挙権を付与する措置を講ずることは，憲法上禁止されているものではない……。しかしながら，右のような措置を講ずるか否かは，専ら国の立法政策にかかわる事柄であって，このような措置を講じないからといって違憲の問題を生ずるものではない。」

□ ／ □ ／ □ ／

東京高判平9.11.26　東京都管理職試験事件（原審）

外国人の公務就任権の保障の有無について，文章中の空欄を埋めなさい。

「憲法第15条第1項又は憲法第93条第2項の規定による保障が我が国に在住する外国人にも及ぶことを前提として，我が国に在住する外国人も，憲法上，国又は地方公共団体の公務員に就任する権利が保障されているということはできない。もっとも，憲法のこれらの規定は，右のとおり，我が国に在住する外国人に対して国及び地方公共団体の公務員を選定罷免し，又は公務員に就任する権利を保障したものではないけれども，我が国に在住する外国人について，公務員に選任され，就任することを禁止したものではないから，国民主権の原理に反しない限度において我が国に在住する外国人が公務員に就任することは，憲法上禁止されていない……。」「我が国に在住する特別永住者は，『日本国との平和条約に基づき日本の国籍を離脱した者等の出入国管理に関する特例法』により，我が国に永住する資格を付与された者であるが，これにより日本国籍を有するに至ったわけではないから，特別永住者であることをもって，憲法上の主権者すなわち日本国民と同視することはできない。したがって，我が国に在住する特別永住者も，国民主権の原理に反しない限度において国又は地方公共団体の公務員に就任することができるにすぎない……。」「憲法第三章の諸規定による基本的人権の保障は，権利の性質上日本国民のみをその対象としていると解されるものを除き，外国人にも等しく及び，憲法第22条第1項の職業選択の自由，第13条の幸福追求の権利，第14条第1項の平等原則の規定についても，原則として，その保障が及ぶ……。」「憲法は，国民主権の原理を国家統治の基本原則として採用している。このことは，……我が国の統治作用が実質的に主権者である日本国民によって行われること，すなわち，我が国の統治作用の根本に関わる職務に従事する公務員は日本国民をもって充てられるべきことを要請している……。」

　外国人の公務就任の程度について，文章中の空欄を埋めなさい。

　「国の公務員をその職務内容に即してみてみると，国の統治作用である立法，行政，司法の権限を直接に行使する公務員（例えば，国会の両議院の議員，内閣総理大臣その他の国務大臣，裁判官等）と，公権力を行使し，又は公の意思の形成に参画することによって間接的に国の統治作用に関わる公務員と，それ以外の上司の命を受けて行う補佐的・補助的な事務又はもっぱら学術的・技術的な専門分野の事務に従事する公務員とに大別することができる。」「第一の種類の公務員は，国の統治作用に直接に関わる公務員であるから，これに就任するには日本国民であることを要し，法律をもってしても，外国人がこれに就任することを認めることは，国民主権の原理に反するものとして，憲法上許されない……。」「第二の種類の公務員については，その職務の内容，権限と統治作用との関わり方及びその程度を個々，具体的に検討することによって，国民主権の原理に照らし，外国人に就任を認めることが許されないものと外国人に就任を認めて差支えないものとを区別する必要がある。」「第三の種類の公務員は，その職務内容に照らし，国の統治作用に関わる蓋然性及びその程度は極めて低く，外国人がこれに就任しても，国民主権の原理に反するおそれはほとんどない……。そして，このようにみてみると，国の公務員にも我が国に在住する外国人の就任することのできる職種が存在するものというべきであり，この我が国に在住する外国人が就任することのできる職種の公務員については，我が国に在住する外国人に対しても，これへの就任について，憲法第22条第1項，第14条第1項の各規定の保障が及ぶ……。」「右に説示したところは，当然に，我が国に在住する外国人の地方公務員就任についても，原則的に妥当する……。ただ，憲法第8章の地方自治に関する規定は，民主主義社会における地方自治の重要性にかんがみ，住民の日常生活に密接な関連を有する公共的事務は，その地方の住民の意思に基づいてその区域の地方公共団体が処理するという政治形態を憲法上の制度として保障しようとする趣旨に出たものと解され，右趣旨にかんがみれば，我が国に在住する外国人であって特別永住者等その居住する区域の地方公共団体と特段に密接な関係を有するものについては，その意思を日常生活に密接な関連を有する地方公共団体の公共的事務の処理に反映させ，また，自らこれに参加していくことが望ましい……。したがって，我が国に在住する外国人，特に特別永住者等の地方公務員就任については，国の公務員への就任の場合と較べて，おのずからその就任し得る職務の種類は広く，その機会は多くなる……。」

外国人の公務員における課長級への承認の道を閉ざしたことの違法性について，文章中の空欄を埋めなさい。

「憲法は，我が国に在住する外国人が国民主権の原理に反しない限度で地方公務員に就任することを禁止するものではないが，地方公務員の中でも，管理職は，地方公共団体の公権力を行使し，又は<u>公の意思の形成</u>に参画するなど地方公共団体の行う統治作用に関わる蓋然性の高い職であるから，地方公務員に採用された外国人が日本国籍を有する者と同様当然に管理職に任用される権利を保障されているとすることは，国民主権の原理に照らして問題がある……。しかしながら，地方公務員の担当する職務は，地方自治全般にわたり広範多岐であり，したがって，管理職の職務も広範多岐に及び，地方公共団体の行う統治作用に関わる，特に，<u>公の意思の形成</u>に参画するといっても，その関わり方及びその程度は広狭・強弱様々なものがあり得るのであり，中には，管理職であっても，専ら専門的・技術的な分野においてスタッフとしての職務に従事するにとどまるなど，公権力を行使することなく，また，<u>公の意思の形成</u>に参画する蓋然性が少なく，地方公共団体の行う統治作用に関わる程度の弱い管理職も存在する……。したがって，……すべての管理職について，国民主権の原理によって外国人をこれに任用することは一切禁じられていると解することは相当でなく，ここでも，職務の内容，権限と統治作用との関わり方及びその程度によって，外国人を任用することが許されない管理職とそれが許される管理職とを分別して考える必要がある。そして，後者の管理職については，我が国に在住する外国人をこれに任用することは，さきに公務員就任について検討したところと同様，国民主権の原理に反するものではなく，したがって，憲法第22条第1項，第14条第1項の規定による保障が及ぶ……」「課長級の管理職の中にも，外国籍の職員に昇任を許しても差支えのないものも存在するというべきであるから，外国籍の職員から管理職選考の受験の機会を奪うことは，外国籍の職員の課長級の管理職への昇任の途を閉ざすものであり，憲法第22条第1項，第14条第1項に違反する違法な措置である……」。

□　／　　□　／　　□　／

最大判平17.1.26　東京都管理職試験事件

　公務員に採用した在留外国人の処遇と憲法14条１項について，文章中の空欄を埋めなさい。

　「地方公務員法は，一般職の地方公務員（以下『職員』という。）に本邦に在留する外国人（以下『在留外国人』という。）を任命することができるかどうかについて明文の規定を置いていないが……，普通地方公共団体が，法による制限の下で，条例，人事委員会規則等の定めるところにより職員に在留外国人を任命することを禁止するものではない。普通地方公共団体は，職員に採用した在留外国人について，国籍を理由として，給与，勤務時間その他の勤務条件につき差別的取扱いをしてはならないものとされており（労働基準法３条……），給与に関する条例で定められる昇格……等も上記の勤務条件に含まれる……。しかし，上記の定めは，普通地方公共団体が職員に採用した在留外国人の処遇につき合理的な理由に基づいて日本国民と異なる取扱いをすることまで許されないとするものではない。また，そのような取扱いは，合理的な理由に基づくものである限り，憲法14条１項に違反するものでもない。管理職への昇任は，昇格等を伴うのが通例であるから，在留外国人を職員に採用するに当たって管理職への昇任を前提としない条件の下でのみ就任を認めることとする場合には，そのように取り扱うことにつき合理的な理由が存在することが必要である。」

公権力行使等地方公務員の任用制度と憲法14条1項について，文章中の空欄を埋めなさい。

「地方公務員のうち，住民の権利義務を直接形成し，その範囲を確定するなどの公権力の行使に当たる行為を行い，若しくは普通地方公共団体の重要な施策に関する決定を行い，又はこれらに参画することを職務とするもの（以下『公権力行使等地方公務員』という。）については，次のように解するのが相当である。すなわち，公権力行使等地方公務員の職務の遂行は，住民の権利義務や法的地位の内容を定め，あるいはこれらに事実上大きな影響を及ぼすなど，住民の生活に直接間接に重大なかかわりを有する……。それゆえ，国民主権の原理に基づき，国及び普通地方公共団体による統治の在り方については日本国の統治者としての国民が最終的な責任を負うべきものであること（憲法1条，15条1項参照）に照らし，原則として日本の国籍を有する者が公権力行使等地方公務員に就任することが想定されているとみるべきであり，我が国以外の国家に帰属し，その国家との間でその国民としての権利義務を有する外国人が公権力行使等地方公務員に就任することは，本来我が国の法体系の想定するところではない……。」「そして，普通地方公共団体が，公務員制度を構築するに当たって，公権力行使等地方公務員の職とこれに昇任するのに必要な職務経験を積むために経るべき職とを包含する一体的な管理職の任用制度を構築して人事の適正な運用を図ることも，その判断により行うことができる……。」「そうすると，普通地方公共団体が上記のような管理職の任用制度を構築した上で，日本国民である職員に限って管理職に昇任することができることとする措置を執ることは，合理的な理由に基づいて日本国民である職員と在留外国人である職員とを区別するものであり，上記の措置は労働基準法3条にも，憲法14条1項にも違反するものではない……。そして，この理は，……特別永住者についても異なるものではない。」

地方公務員管理職任用制度と憲法14条1項について，文章中の空欄を埋めなさい。

「Xは，東京都人事委員会の実施する平成6年度及び同7年度の管理職選考……を受験しようとしたが，東京都人事委員会が上記各年度の管理職選考において日本の国籍を有しない者には受験資格を認めていなかったため，いずれも受験することができなかった……。……当時，Yにおいては，管理職に昇任した職員に終始特定の職種の職務内容だけを担当させるという任用管理を行っておらず，管理職に昇任すれば，いずれは公権力行使等地方公務員に就任することのあることが当然の前提とされていた……から，Yは，公権力行使等地方公務員の職に当たる管理職のほか，これに関連する職を包含する一体的な管理職の任用制度を設けている……。」「そうすると，Yにおいて，上記の管理職の任用制度を適正に運営するために必要があると判断して，職員が管理職に昇任するための資格要件として当該職員が日本の国籍を有する職員であることを定めたとしても，合理的な理由に基づいて日本の国籍を有する職員と在留外国人である職員とを区別するものであり，上記の措置は，労働基準法3条にも，憲法14条1項にも違反するものではない。」

□ ／ □ ／ □ ／

最判平元.3.2　塩見訴訟

国民年金受給要件として国籍要件を課すことの憲法25条違反について，文章中の空欄を埋めなさい。

憲法25条の「規定の趣旨にこたえて具体的にどのような立法措置を講ずるかの選択決定は，立法府の広い裁量にゆだねられており，それが著しく合理性を欠き明らかに裁量の逸脱・濫用と見ざるをえないような場合を除き，裁判所が審査判断するに適しない事柄である……（最大判昭57.7.7（注：堀木訴訟））。」障害福祉年金は，「制度発足時の経過的な救済措置の一環として設けられた全額国庫負担の無拠出制の年金であって，立法府は，その支給対象者の決定について，もともと広範な裁量権を有しているものというべきである。」「加うるに，社会保障上の施策において在留外国人をどのように処遇するかについては，国は，特別の条約の存しない限り，……その政治的判断によりこれを決定することができるのであり，その限られた財源の下で福祉的給付を行うに当たり，自国民を在留外国人より優先的に扱うことも，許されるべきことと解される。したがって，法81条1項の障害福祉年金の支給対象者から在留外国人を除外することは，立法府の裁量の範囲に属する事柄と見るべき」であって，「また，経過的な性格を有する右障害福祉年金の給付に関し，廃疾の認定日である制度発足時の昭和34年11月1日において日本国民であることを要するものと定めることは，合理性を欠くものとはいえない」から，「憲法25条の規定に違反するものではない」。

国民年金受給要件として国籍要件を課すことの憲法14条違反について，文章中の空欄を埋めなさい。

憲法14条1項の法の下の平等の原則は，「合理的理由のない差別を禁止する趣旨のものであって，各人に存する……種々の事実関係上の差異を理由としてその法的取扱いに区別を設けることは，その区別が合理性を有する限り，何ら右規定に違反するものではない」。障害福祉年金の受給資格要件が「立法府の裁量の範囲に属する事柄」である以上，上記「取扱いの区別については，その合理性を否定することができず」，同項に違反しない。

重要判例要旨一覧

□___／___ □___／___ □___／___

最大判昭53.10.4　マクリーン事件，入国の自由等に関して

外国人の入国の自由，在留の自由について，文章中の空欄を埋めなさい。

「憲法22条1項は，日本国内における居住・移転の自由を保障する旨を規定するにとどまり，外国人がわが国に入国することについてはなんら規定していないものであり，このことは，国際慣習法上，国家は外国人を受け入れる義務を負うものではなく，特別の条約がない限り，外国人を自国内に受け入れるかどうか，また，これを受け入れる場合にいかなる条件を付するかを，当該国家が自由に決定することができるものとされていることと，その考えを同じくする……。したがって，憲法上，外国人は，わが国に入国する自由を保障されているものでないことはもちろん，……在留の権利ないし引き続き在留することを要求しうる権利を保障されているものでもない……。もっとも，出入国管理令は，当該外国人が在留期間の延長を希望するときには在留期間の更新を申請することができることとしているが……，その申請に対しては法務大臣が『在留期間の更新を適当と認めるに足りる相当の理由があるときに限り』これを許可することができるものと定めている……のであるから，出入国管理令上も在留外国人の在留期間の更新が権利として保障されているものでない……。」

外国人の在留期間更新についての法務大臣の裁量と司法審査について，文章中の空欄を埋めなさい。

出入国管理令において「在留期間の更新事由が概括的に規定されその判断基準が特に定められていないのは，更新事由の有無の判断をYの裁量に任せ，その裁量権の範囲を広汎なものとする趣旨からである……。すなわち，Yは，在留期間の更新の許否を決するにあたっては，外国人に対する出入国の管理及び在留の規制の目的である国内の治安と善良の風俗の維持，保健・衛生の確保，労働市場の安定などの国益の保持の見地に立って，申請者の申請事由の当否のみならず，当該外国人の在留中の一切の行状，国内の政治・経済・社会等の諸事情，国際情勢，外交関係，国際礼譲など諸般の事情をしんしゃくし，時宜に応じた的確な判断をしなければならないのであるが，このような判断は，事柄の性質上，出入国管理行政の責任を負うYの裁量に任せるのでなければとうてい適切な結果を期待することができない……。このような点にかんがみると，出入国管理令21条3項所定の『在留期間の更新を適当と認めるに足りる相当の理由』があるかどうかの判断におけるYの裁量権の範囲が広汎なものとされているのは当然のことであ」る。

「行政庁がその裁量に任された事項について裁量権行使の準則を定めることがあっても、このような準則は、本来、行政庁の処分の妥当性を確保するためのものなのであるから、処分が右準則に違背して行われたとしても、原則として当不当の問題を生ずるにとどまり、当然に違法となるものではない。」「法が処分を行政庁の裁量に任せる趣旨、目的、範囲は各種の処分によって一様ではなく、これに応じて裁量権の範囲をこえ又はその濫用があったものとして違法とされる場合もそれぞれ異なるものであり、各種の処分ごとにこれを検討しなければならないが、これを出入国管理令21条3項に基づくYの『在留期間の更新を適当と認めるに足りる相当の理由』があるかどうかの判断の場合についてみれば、右判断に関する前述のYの裁量権の性質にかんがみ、その判断が全く事実の基礎を欠き又は社会通念上著しく妥当性を欠くことが明らかである場合に限り、裁量権の範囲をこえ又はその濫用があったものとして違法となる……。したがって、裁判所は、Yの右判断についてそれが違法となるかどうかを審理、判断するにあたっては、右判断がYの裁量権の行使としてされたものであることを前提として、その判断の基礎とされた重要な事実に誤認があること等により右判断が全く事実の基礎を欠くかどうか、又は事実に対する評価が明白に合理性を欠くこと等により右判断が社会通念に照らし著しく妥当性を欠くことが明らかであるかどうかについて審理し、それが認められる場合に限り、右判断が裁量権の範囲をこえ又はその濫用があったものとして違法であるとすることができる……。」

外国人に対する人権保障について、文章中の空欄を埋めなさい。

「憲法第三章の諸規定による基本的人権の保障は、権利の性質上日本国民のみをその対象としていると解されるものを除き、わが国に在留する外国人に対しても等しく及ぶものと解すべきであり、政治活動の自由についても、わが国の政治的意思決定又はその実施に影響を及ぼす活動等外国人の地位にかんがみこれを認めることが相当でないと解されるものを除き、その保障が及ぶ……。」「しかしながら、前述のように、外国人の在留の許否は国の裁量にゆだねられ、わが国に在留する外国人は、憲法上わが国に在留する権利ないし引き続き在留することを要求することができる権利を保障されているものではなく、ただ、出入国管理令上法務大臣がその裁量により更新を適当と認めるに足りる相当の理由があると判断する場合に限り在留期間の更新を受けることができる地位を与えられているにすぎないものであり、したがって、外国人に対する憲法の基本的人権の保障は、右のような外国人在留制度のわく内で与えられているにすぎないもの……であって、在留の許否を決する国の裁量を拘束するまでの保障、すなわち、在留期間中の憲法の基本的人権の保障を受ける行為を在留期間の更新の際に消極的な事情と

してしんしゃくされないことまでの保障が与えられているものと解することはできない。在留中の外国人の行為が合憲合法な場合でも，法務大臣がその行為を当不当の面から日本国にとって好ましいものとはいえないと評価し，また，右行為から将来当該外国人が日本国の利益を害する行為を行うおそれがある者であると推認することは，右行為が上記のような意味において憲法の保障を受けるものであるからといってなんら妨げられるものではない。」

最大判昭45.6.24　八幡製鉄政治献金事件

　会社が政治資金を交付することが会社の目的の範囲に含まれるかについて，文章中の空欄を埋めなさい。

　「会社は定款に定められた目的の範囲内において権利能力を有するわけであるが，目的の範囲内の行為とは，定款に明示された目的自体に限局されるものではなく，その目的を遂行するうえに直接または間接に必要な行為であれば，すべてこれに包含される……。そして必要なりや否やは，当該行為が目的遂行上現実に必要であったかどうかをもってこれを決すべきではなく，行為の客観的な性質に即し，抽象的に判断されなければならない……。」「憲法は政党について規定するところがなく，これに特別の地位を与えてはいないのであるが，憲法の定める議会制民主主義は政党を無視しては到底その円滑な運用を期待することはできないのであるから，憲法は，政党の存在を当然に予定しているものというべきであり，政党は議会制民主主義を支える不可欠の要素なのである。そして同時に，政党は国民の政治意思を形成する最も有力な媒体であるから，政党のあり方いかんは，国民としての重大な関心事でなければならない。したがって，その健全な発展に協力することは，会社に対しても，社会的実在としての当然の行為として期待されるところであり，協力の一態様として政治資金の寄附についても例外ではないのである。……会社による政治資金の寄附は，客観的，抽象的に観察して，会社の社会的役割を果たすためになされたものと認められるかぎりにおいては，会社の定款所定の目的の範囲内の行為である……。」

　会社が政治資金を交付することが民法90条に違反するか否かについて，文章中の空欄を埋めなさい。

　「憲法上の選挙権その他のいわゆる参政権が自然人たる国民にのみ認められたものであることは，所論のとおりである。しかし，会社が，納税の義務を有し自然人たる国民とひとしく国税等の負担に任ずるものである以上，納税者たる立場において，国や地方公共団体の施策に対し，意見の表明その他の行動に出たとしても，これを禁圧すべき理由はない。のみならず，憲法第3章に定める国民の権利および義務の各条項は，性質上可能なかぎり，内国の法人にも適用されるものと解すべきであるから，会社は，自然人たる国民と同様，国や政党の特定の政策を支持，推進または反対するなどの政治的行為をなす自由を有する……。政治資金の寄附もまさにその自由の一環であり，会社によってそれがなされた場合，

政治の動向に影響を与えることがあったとしても，これを自然人たる国民による寄附と別異に扱うべき憲法上の要請があるものではない。……会社が政治資金寄附の自由を有することは既に説示したとおりであり，それが国民の政治意思の形成に作用することがあっても，あながち異とするには足りないのである。」株式会社の政治資金の寄附はわが憲法に反するものではなく，したがって，そのような寄附が憲法に反することを前提として，民法90条に違反するという論旨は，その前提を欠く。」

最判昭50.11.28　国労広島地本事件

労働組合組合員の組合に対する協力義務について，文章中の空欄を埋めなさい。

「労働組合の組合員は，組合の構成員として留まる限り，組合が正規の手続に従って決定した活動に参加し，また，組合の活動を妨害するような行為を避止する義務を負うとともに，右活動の経済的基礎をなす組合費を納付する義務を負うものであるが，これらの義務（以下『協力義務』という。）は，……無制限のものではない。労働組合は，労働者の労働条件の維持改善その他経済的地位の向上を図ることを主たる目的とする団体であって，組合員はかかる目的のための活動に参加する者としてこれに加入するのであるから，その協力義務も当然に右目的達成のために必要な団体活動の範囲に限られる。しかし，……労働組合の活動は，必ずしも対使用者との関係において有利な労働条件を獲得することのみに限定されるものではない。……今日においては，その活動の範囲が……拡大の傾向を示している……。このような労働組合の活動の拡大は，そこにそれだけの社会的必然性を有するものであるから，これに対して法律が特段の制限や規制の措置をとらない限り，これらの活動そのものをもって直ちに労働組合の目的の範囲外であるとし，あるいは労働組合が本来行うことのできない行為であるとすることはできない。」「しかし，……労働組合の活動が前記のように多様化するにつれて，組合による統制の範囲も拡大し，組合員が一個の市民又は人間として有する自由や権利と矛盾衝突する場合が増大し，しかも今日の社会的条件のもとでは，組合に加入していることが労働者にとって重要な利益で，組合脱退の自由も事実上大きな制約を受けていることを考えると，労働組合の活動として許されたものであるというだけで，そのことから直ちにこれに対する組合員の協力義務を無条件で肯定することは，相当でない……。それゆえ，この点に関して格別の立法上の規制が加えられていない場合でも，問題とされている具体的な組合活動の内容・性質，これについて組合員に求められる協力の内容・程度・態様等を比較考量し，多数決原理に基づく組合活動の実効性と組合員個人の基本的利益の調和という観点から，組合の統制力とその反面としての組合員の協力義務の範囲に合理的な限定を加えることが必要である。」

①炭労資金（春闘資金中30円を含む。）について

「右資金は，X自身の闘争のための資金ではなく，他組合の闘争に対する支援資金である。労働組合が他の友誼組合の闘争を支援する諸活動を行うことは，しばしばみられるところであるが，労働組合ないし労働者間における連帯と相互協力の関係からすれば，労働組合の目的とする組合員の経済的地位の向上は，当該

組合かぎりの活動のみによってではなく，広く他組合との連帯行動によってこれを実現することが予定されているのであるから，それらの支援活動は当然に右の目的と関連性をもつものと考えるべきであり，また，労働組合においてそれをすることがなんら組合員の一般的利益に反するものでもない……。それゆえ，右支援活動をするかどうかは，それが法律上許されない等特別の場合でない限り，専ら当該組合が自主的に判断すべき政策問題であって，多数決によりそれが決定された場合には，これに対する組合員の協力義務を否定すべき理由はない。右支援活動の一環としての資金援助のための費用の負担についても同様である。」

②安保資金について

「一般的にいえば，政治的活動は一定の政治的思想，見解，判断等に結びついて行われるものであり，労働組合の政治的活動の基礎にある政治的思想，見解，判断等は，必ずしも個々の組合員のそれと一致するものではないから，もともと団体構成員の多数決に従って政治的行動をすることを予定して結成された政治団体とは異なる労働組合としては，その多数決による政治的活動に対してこれと異なる政治的思想，見解，判断等をもつ個々の組合員の協力を義務づけることは，原則として許されない……。かかる義務を一般的に認めることは，組合員の個人としての政治的自由，特に自己の意に反して一定の政治的態度や行動をとることを強制されない自由を侵害することになるからである。」「いわゆる安保反対闘争のような活動は，究極的にはなんらかの意味において労働者の生活利益の維持向上と無縁ではないとしても，直接的には国の安全や外交等の国民的関心事に関する政策上の問題を対象とする活動であり，このような政治的要求に賛成するか反対するかは，本来，各人が国民の一人としての立場において自己の個人的かつ自主的な思想，見解，判断等に基づいて決定すべきことであるから，それについて組合の多数決をもって組合員を拘束し，その協力を強制することを認めるべきではない。……一定の政治的活動の費用としてその支出目的との個別的関連性が明白に特定されている資金についてその拠出を強制することは，かかる活動に対する積極的協力の強制にほかならず，また，右活動にあらわされる一定の政治的立場に対する支持の表明を強制するにも等しいものというべきであって，やはり許されない……。」「次に，右安保反対闘争のような政治的活動に参加して不利益処分を受けた組合員に対する救援の問題について考えると，労働組合の行うこのような救援そのものは，組合の主要な目的の一つである組合員に対する共済活動として当然に許されるところであるが，それは同時に，当該政治的活動のいわば延長としての性格を有することも否定できない。しかし，労働組合が共済活動として行う救援の主眼は，組織の維持強化を図るために，被処分者の受けている生活その他の面での不利益の回復を経済的に援助してやることにあり，処分の原因たる行為のいかんにかかわるものではなく，もとよりその行為を支持，助長するこ

とを直接目的とするものではないから，右救援費用を拠出することが直ちに処分の原因たる政治的活動に積極的に協力することになるものではなく，また，その活動のよって立つ一定の政治的立場に対する支持を表明することになるものでもない……。したがって，その拠出を強制しても，組合員個人の政治的思想，見解，判断等に関係する程度は極めて軽微なものであって，このような救援資金については，先に述べた政治的活動を直接の目的とする資金とは異なり，組合の徴収決議に対する組合員の協力義務を肯定することが，相当である。」

　③政治意識昂揚資金について

「右資金は，総選挙に際し特定の立候補者支援のためにその所属政党に寄付する資金であるが，政党や選挙による議員の活動は，各種の政治的課題の解決のために労働者の生活利益とは関係のない広範な領域にも及ぶものであるから，選挙においてどの政党又はどの候補者を支持するかは，投票の自由と表裏をなすものとして，組合員各人が市民としての個人的な政治的思想，見解，判断ないしは感情等に基づいて自主的に決定すべき事柄である。

☐ ／ ☐ ／ ☐ ／

最判平 8.3.19 南九州税理士会事件

税理士会による政治連盟への金員の寄附が目的の範囲に含まれるかについて，文章中の空欄を埋めなさい。

「民法上の法人は，法令の規定に従い定款又は寄付行為で定められた目的の範囲内において権利を有し，義務を負う……。この理は，会社についても基本的に妥当するが，会社における目的の範囲内の行為とは，定款に明示された目的自体に限局されるものではなく，その目的を遂行する上に直接又は間接に必要な行為であればすべてこれに包含され……，さらには，会社が政党に政治資金を寄付することも，客観的，抽象的に観察して，会社の社会的役割を果たすためにされたものと認められる限りにおいては，会社の定款所定の目的の範囲内の行為とするに妨げない……（最高裁昭和……45 年 6 月 24 日……判決（注：八幡製鉄政治献金事件）……参照）。」「また，税理士会は，強制加入団体であって，その会員には，実質的には脱退の自由が保障されていない……」「税理士会は，……会社とはその法的性格を異にする法人であり，その目的の範囲についても，これを会社のように広範なものと解するならば，法の要請する公的な目的の達成を阻害して法の趣旨を没却する結果となる……。」「税理士会が……強制加入の団体であり，その会員である税理士に実質的には脱退の自由が保障されていないことからすると，その目的の範囲を判断するに当たっては，会員の思想・信条の自由との関係で，次のような考慮が必要である。」「税理士会は，法人として，法及び会則所定の方式による多数決原理により決定された団体の意思に基づいて活動し，その構成員である会員は，これに従い協力する義務を負い，その一つとして会則に従って税理士会の経済的基礎を成す会費を納入する義務を負う。しかし，法が税理士会を強制加入の法人としている以上，その構成員である会員には，様々な思想・信条及び主義・主張を有する者が存在することが当然に予定されている。したがって，税理士会が右の方式により決定した意思に基づいてする活動にも，そのために会員に要請される協力義務にも，おのずから限界がある。」「特に，政党など規正法上の政治団体に対して金員の寄付をするかどうかは，選挙における投票の自由と表裏を成すものとして，自主的に決定すべき事柄である……。なぜなら，政党など規正法上の政治団体は，政治上の主義若しくは施策の推進，特定の公職の候補者の推薦等のため，金員の寄付を含む広範囲な政治活動をすることが当然に予定された政治団体であり……，これらの団体に金員の寄付をすることは，選挙においてどの政党又はどの候補者を支持するかに密接につながる問題だからである。」「そうすると，前記のような公的な性格を有する税理士会が，このような事柄を

多数決原理によって団体の意思として決定し，構成員にその協力を義務付けることはできない（最高裁昭和……50年11月28日……判決（注：国労広島地本事件）……参照），税理士会がそのような活動をすることは，法の全く予定していないところである。税理士会が政党など規正法上の政治団体に対して金員の寄付をすることは，たとい税理士に係る法令の制定改廃に関する要求を実現するためであっても，……税理士会の目的の範囲外の行為」である。

最判平14.4.25　群馬司法書士会事件

司法書士会が被災した他の司法書士会の復興を支援するために特別負担金を徴収することが目的の範囲に含まれるかについて，文章中の空欄を埋めなさい。

「司法書士会は，司法書士の品位を保持し，その業務の改善進歩を図るため，会員の指導及び連絡に関する事務を行うことを目的とするものであるが……その目的を遂行する上で<u>直接又は間接に必要な範囲</u>で，他の司法書士会との間で業務その他について提携，協力，援助等をすることもその活動範囲に含まれるというべきである。……したがって，兵庫県司法書士会に本件拠出金を寄付することは，Xの<u>権利能力の範囲内</u>にある……。」「Xは，本件拠出金の調達方法についても，それが公序良俗に反するなど<u>会員の協力義務を否定すべき特段の事情</u>がある場合を除き，多数決原理に基づき自ら決定することができる……。これを本件についてみると，Xがいわゆる<u>強制加入団体</u>であること……を考慮しても，本件負担金の徴収は，会員の政治的又は宗教的立場や思想信条の自由を害するものではなく，……会員に<u>社会通念上過大な負担</u>を課するものではないのであるから，本件負担金の徴収について，公序良俗に反するなど会員の協力義務を否定すべき特段の事情があるとは認められない。したがって，本件決議の効力はXの会員であるYらに対して及ぶ……。」

□ ／ □ ／ □ ／

最大判昭49.11.6　猿払事件

国公法102条1項及び規則による公務員の政治的行為の禁止規定及びその違反を刑罰の構成要件としていることの合憲性について，文章中の空欄を埋めなさい。

「憲法21条の保障する表現の自由は，民主主義国家の政治的基盤をなし，国民の基本的人権のうちでもとりわけ重要なものであり，法律によってもみだりに制限することができないものである。そして，およそ政治的行為は，行動としての面をもつほかに，政治的意見の表明としての面をも有するものであるから，その限りにおいて，憲法21条による保障を受けるものである……。」「ところで，国民の信託による国政が国民全体への奉仕を旨として行われなければならないことは当然の理であるが，『すべて公務員は，全体の奉仕者であって，一部の奉仕者ではない。』とする憲法15条2項の規定からもまた，公務が国民の一部に対する奉仕としてではなく，その全体に対する奉仕として運営されるべきものである……。行政の中立的運営が確保され，これに対する国民の信頼が維持されることは，憲法の要請にかなうものであり，公務員の政治的中立性が維持されることは，国民全体の重要な利益にほかならない……。したがって，公務員の政治的中立性を損うおそれのある公務員の政治的行為を禁止することは，それが合理的で必要やむをえない限度にとどまるものである限り，憲法の許容するところである……。」「国公法102条1項及び規則による公務員に対する政治的行為の禁止が右の合理的で必要やむをえない限度にとどまるものか否かを判断するにあたっては，禁止の目的，この目的と禁止される政治的行為との関連性，政治的行為を禁止することにより得られる利益と禁止することにより失われる利益との均衡の3点から検討することが必要である。」「利益の均衡の点について考えてみると，……公務員の政治的中立性を損うおそれのある行動類型に属する政治的行為を，これに内包される意見表明そのものの制約をねらいとしてではなく，その行動のもたらす弊害の防止をねらいとして禁止するときは，同時にそれにより意見表明の自由が制約されることにはなるが，それは，単に行動の禁止に伴う限度での間接的，付随的な制約に過ぎず，かつ，国公法102条1項及び規則の定める行動類型以外の行為により意見を表明する自由までをも制約するものではなく，他面，禁止により得られる利益は，公務員の政治的中立性を維持し，行政の中立的運営とこれに対する国民の信頼を確保するという国民全体の共同利益なのであるから，得られる利益は，失われる利益に比してさらに重要なものというべきであり，その禁止は利益の均衡を失するものではない。」

重要判例要旨一覧

> 国公法102条１項及び規則による公務員の政治的行為の禁止規定に違反したことに対する罰則の合憲性について，文章中の空欄を埋めなさい。

「国公法102条１項及び規則による公務員の政治的行為の禁止は，……公務員の政治的中立性を維持することにより，行政の中立的運営とこれに対する国民の信頼を確保するという国民全体の重要な共同利益を擁護するためのものである。したがって，右の禁止に違反して国民全体の共同利益を損う行為に出る公務員に対する制裁として刑罰をもって臨むことを必要とするか否かは，右の国民全体の共同利益を擁護する見地からの立法政策の問題であって，右の禁止が表現の自由に対する合理的で必要やむをえない制限であると解され，かつ，刑罰を違憲とする特別の事情がない限り，立法機関の裁量により決定されたところのものは，尊重されなければならない。」

□　／　□　／　□　／

最判平24.12.7　堀越事件，世田谷事件

　国家公務員法102条1項及びその委任に基づいて定められた人事院規則による「政治的行為」の解釈について，文章中の空欄を埋めなさい。

　国家公務員法102条1項は，「公務員の職務の遂行の政治的中立性を保持することによって行政の中立的運営を確保し，これに対する国民の信頼を維持することを目的とする……」。他方，「国民は，憲法上，表現の自由（21条1項）としての政治活動の自由を保障されており，この精神的自由は立憲民主政の政治過程にとって不可欠の基本的人権であって，民主主義社会を基礎付ける重要な権利である。」「このような本法102条1項の文言，趣旨，目的や規制される政治活動の自由の重要性に加え，同項の規定が刑罰法規の構成要件となることを考慮すると，同項および同項の委任に基づいて定められた人事院規則は，『政治的行為』を，公務員の職務の遂行の政治的中立性を損なうおそれが，観念的なものにとどまらず，現実的に起こり得るものとして実質的に認められるものを指す……。」「公務員の職務の遂行の政治的中立性を損なうおそれが実質的に認められるかどうかは，当該公務員の地位，その職務の内容や権限等，当該公務員がした行為の性質，態様，目的，内容等の諸般の事情を総合して判断する……。具体的には，当該公務員につき，指揮命令や指導監督等を通じて他の職員の職務の遂行に一定の影響を及ぼし得る地位（管理職的地位）の有無，職務の内容や権限における裁量の有無，当該行為につき，勤務時間の内外，国ないし職場の施設の利用の有無，公務員の地位の利用の有無，公務員により組織される団体の活動としての性格の有無，公務員による行為と直接認識され得る態様の有無，行政の中立的運営と直接相反する目的や内容の有無等が考慮の対象となる……。」

　国家公務員法102条1項違反に対する罰則規定の合憲性について，文章中の空欄を埋めなさい。

　本件罰則規定が，憲法21条1項，31条に違反するかについては，「本件罰則規定による規制が必要かつ合理的なものとして是認されるかどうかによることになるが，これは，本件罰則規定の目的のために規制が必要とされる程度と，規制される自由の内容及び性質，具体的な規制の態様及び程度等を較量して決せられる……（最高裁昭和……58年6月22日……判決（注：よど号ハイジャック記事抹消事件）……等）。」本件罰則規定により禁止されるのは政治活動の自由ではあるものの，「禁止の対象とされるのは，公務員の職務の遂行の政治的中立性を損な

うおそれが実質的に認められる政治的行為に限られ，このようなおそれが認められない政治的行為や本規則が規定する行為類型以外の政治的行為が禁止されるものではないから，その制限は必要やむを得ない限度にとどまり，前記の目的を達成するために必要かつ合理的な範囲のものというべきである。」したがって，「本件罰則規定は憲法21条1項，31条に違反するものではないというべきであり，このように解することができることは，当裁判所の判例（最高裁昭和……49年11月6日……判決……（注：猿払事件）等）の趣旨に徴して明らかである。」

最大決平10.12.1　寺西判事補事件

「積極的に政治運動をすること」の意義及びその禁止の合憲性について，文章中の空欄を埋めなさい。

「……司法権の担い手である裁判官は，中立・公正な立場に立つ者でなければならず，その良心に従い独立してその職権を行い，憲法と法律にのみ拘束されるものとされ（憲法76条3項），また，その独立を保障するため，裁判官には手厚い身分保障がされている（憲法78条ないし80条）……。裁判官は，独立して中立・公正な立場に立ってその職務を行わなければならないのであるが，外見上も中立・公正を害さないように自律，自制すべきことが要請される。」「これらのことからすると，裁判所法52条1号が裁判官に対し『積極的に政治運動をすること』を禁止しているのは，裁判官の独立及び中立・公正を確保し，裁判に対する国民の信頼を維持するとともに，三権分立主義の下における司法と立法，行政とのあるべき関係を規律することにその目的がある……。」上記のような目的の重要性，裁判官が司法権を行使する主体であり，政治運動禁止の要請は，一般職の国家公務員に対する政治的行為禁止の要請より強いこと，強い身分保障の下，懲戒は裁判によってのみ行われることとされており，懲戒権の濫用が予想し難く国家公務員法，人事院規則の定める「政治的行為」のような限定列挙方式を採る必要が無いことからすると，「裁判所法52条1号の『積極的に政治運動をすること』の意味は，国家公務員法の『政治的行為』の意味に近いと解されるが，これと必ずしも同一ではない……。」「『積極的に政治運動をすること』とは，組織的，計画的又は継続的な政治上の活動を能動的に行う行為であって，裁判官の独立及び中立・公正を害するおそれがあるものが，これに該当すると解され，具体的行為の該当性を判断するに当たっては，その行為の内容，その行為の行われるに至った経緯，行われた場所等の客観的な事情のほか，その行為をした裁判官の意図等の主観的な事情をも総合的に考慮して決するのが相当である。」

裁判官の表現の自由の制限について，文章中の空欄を埋めなさい。

「裁判官に対し『積極的に政治運動をすること』を禁止することは，必然的に裁判官の表現の自由を一定範囲で制約することにはなるが，右制約が合理的で必要やむを得ない限度にとどまるものである限り，憲法の許容するところであるといわなければならず，右の禁止の目的が正当であって，その目的と禁止との間に合理的関連性があり，禁止により得られる利益と失われる利益との均衡を失する

ものでないなら，憲法21条1項に違反しない……。」「右の禁止の目的は，前記のとおり，裁判官の独立及び中立・公正を確保し，裁判に対する国民の信頼を維持するとともに，三権分立主義の下における司法と立法，行政とのあるべき関係を規律することにあり，この立法目的は，……正当である。」「また，裁判官が積極的に政治運動をすることは前記のように裁判官の独立及び中立・公正を害し，裁判に対する国民の信頼を損なうおそれが大きいから，積極的に政治運動をすることを禁止することと右の禁止目的との間に合理的な関連性がある……。さらに，裁判官が積極的に政治運動をすることを，これに内包される意見表明そのものの制約をねらいとしてではなく，その行動のもたらす弊害の防止をねらいとして禁止するときは，同時にそれにより意見表明の自由が制約されることにはなるが，それは単に行動の禁止に伴う限度での間接的，付随的な制約にすぎず，かつ，積極的に政治運動をすること以外の行為により意見を表明する自由までをも制約するものではない。他面，禁止により得られる利益は，裁判官の独立及び中立・公正を確保し，裁判に対する国民の信頼を維持するなどというものであるから，得られる利益は失われる利益に比して更に重要なものというべきであり，その禁止は利益の均衡を失するものではない。……したがって，裁判官が『積極的政治運動をすること』を禁止することは，……憲法21条1項に違反するものではない。」

□　／　□　／　□　／

大判昭41.10.26　全逓東京中郵事件

公務員の労働基本権の限界について，文章中の空欄を埋めなさい。

「労働基本権は，たんに私企業の労働者だけについて保障されるのではなく，公共企業体の職員はもとよりのこと，国家公務員や地方公務員も，憲法28条にいう勤労者にほかならない以上，原則的には，その保障を受ける……。『公務員は，全体の奉仕者であって，一部の奉仕者ではない』とする憲法15条を根拠として，公務員に対して右の労働基本権をすべて否定するようなことは許されない。ただ，公務員またはこれに準ずる者については，後に述べるように，その担当する職務の内容に応じて，私企業における労働者と異なる制約を内包しているにとどまる……。」「勤労者の団結権・団体交渉権・争議権等の労働基本権は，すべての勤労者に通じ，その生存権保障の理念に基づいて憲法28条の保障するところであるが，これらの権利であって，……何らの制約も許されない絶対的なものではないのであって，国民生活全体の利益の保障という見地からの制約を当然の内在的制約として内包している……。しかし，具体的にどのような制約が合憲とされるかについては，諸般の条件，ことに左の諸点を考慮に入れ，慎重に決定する必要がある。」「⑴　労働基本権の制限は，……労働基本権が勤労者の生存権に直結し，それを保障するための重要な手段である点を考慮すれば，その制限は，合理性の認められる必要最小限度のものにとどめなければならない。」「⑵　労働基本権の制限は，勤労者の提供する職務または業務の性質が公共性の強いものであり，したがってその職務または業務の停廃が国民生活全体の利益を害し，国民生活に重大な障害をもたらすおそれのあるものについて，これを避けるために必要やむを得ない場合について考慮されるべきである。」「⑶　労働基本権の制限違反に伴う法律効果，すなわち，違反者に対して課せられる不利益については，必要な限度をこえないように，十分な配慮がなされなければならない。とくに，勤労者の争議行為等に対して刑事制裁を科することは，必要やむを得ない場合に限られるべきであり，同盟罷業，怠業のような単純な不作為を刑罰の対象とするについては，特別に慎重でなければならない。」「⑷　職務または業務の性質上からして，労働基本権を制限することがやむを得ない場合には，これに見合う代償措置が講ぜられなければならない。」「以上に述べたところは，労働基本権の制限を目的とする法律を制定する際に留意されなければならないばかりでなく，すでに制定されている法律を解釈適用するに際しても，十分に考慮されなければならない。」「本件の郵便業務についていえば，その業務が独占的なものであり，かつ，国民生活全体との関連性がきわめて強いから，業務の停廃は国民生活に重大な障害をもたら

すおそれがあるなど，社会公共に及ぼす影響がきわめて大きいことは多言を要しない。それ故に，その業務に従事する郵政職員に対してその争議行為を禁止する規定を設け，その禁止に違反した者に対して不利益を課することにしても，その不利益が前に述べた基準に照らして<u>必要な限度をこえない合理的なもの</u>であるかぎり，これを違憲無効ということはできない。」

公労法17条１項（争議行為禁止）違反と刑事罰の限界について，文章中の空欄を埋めなさい。

「公労法17条１項に違反して争議行為をした者に対する刑事制裁について見るに，……争議行為禁止の違反に対する制裁はしだいに緩和される方向をとり，現行の公労法は特別の罰則を設けていない。このことは，公労法そのものとしては，争議行為禁止の違反について，刑事制裁はこれを科さない趣旨である……。公労法３条で，刑事免責に関する労組法１条２項の適用を排除することなく，これを争議行為にも適用することとしているのは，この趣旨を裏づけるものということができる。そのことは，憲法28条の保障する<u>労働基本権尊重の根本精神</u>にのっとり，争議行為の禁止違反に対する効果または制裁は<u>必要最小限度</u>にとどめるべきであるとの見地から，違法な争議行為に関しては，<u>民事責任を負わせるだけで足り，刑事制裁をもって臨むべきではない</u>との基本的態度を示したものと解することができる。」「公労法３条が労組法１条２項の適用があるものとしているのは，争議行為が労組法１条１項の目的を達成するためのものであり，かつたんなる罷業または怠業等の不作為が存在するにとどまり，暴力の行使その他の不当性を伴わない場合には，刑事制裁の対象とはならない……。それと同時に，争議行為が刑事制裁の対象とならないのは，右の限度においてであって，もし争議行為が労組法１条１項の目的のためでなくして<u>政治的目的のために行なわれたような場合</u>であるとか，<u>暴力を伴う場合</u>であるとか，社会の通念に照らして不当に長期に及ぶときのように<u>国民生活に重大な障害をもたらす場合</u>には，憲法28条に保障された争議行為としての<u>正当性の限界をこえるもの</u>で，刑事制裁を免れない……。」「Ｙらは，本件の行為を争議行為としてしたものであることは，第一審判決の認定しているとおりであるから，Ｙらの行為については，さきに述べた憲法28条および公労法17条１項の合理的解釈に従い，労組法１条２項を適用して，はたして同条項にいう正当なものであるかいなかを具体的事実関係に照らして認定判断し，郵便法79条１項の罪責の有無を判断しなければならない……。」

最大判昭44.4.2　都教組事件

　地方公務員の争議行為と刑事罰について，文章中の空欄を埋めなさい。

　「……地公法は地方公務員の争議行為を一般的に禁止し，かつ，あおり行為等を一律的に処罰すべきものと定めているのであるが，これらの規定についても，その元来の狙いを洞察し労働基本権を尊重し保障している憲法の趣旨と調和しうるように解釈するときは，これらの規定の表現にかかわらず，禁止されるべき争議行為の種類や態様についても，さらにまた，処罰の対象とされるべきあおり行為等の態様や範囲についても，おのずから合理的な限界の存することが承認される……。」「地方公務員の争議行為についてみるに，地公法37条1項は，すべての地方公務員の一切の争議行為を禁止しているから，これに違反してした争議行為は，右条項の法文にそくして解釈するかぎり，違法といわざるをえない……。しかし，右条項の元来の趣旨は，地方公務員の職務の公共性にかんがみ，地方公務員の争議行為が公共性の強い公務の停廃をきたし，ひいては国民生活全体の利益を害し，国民生活にも重大な支障をもたらすおそれがあるので，これを避けるためのやむをえない措置として，地方公務員の争議行為を禁止したものにほかならない。ところが，地方公務員の職務は，一般的にいえば，多かれ少なかれ，公共性を有するとはいえ，さきに説示したとおり，公共性の程度は強弱さまざまで，その争議行為が常に直ちに公務の停廃をきたし，ひいて国民生活全体の利益を害するとはいえないのみならず，ひとしく争議行為といっても，種々の態様のものがあり，きわめて短時間の同盟罷業または怠業のような単純な不作為のごときは，直ちに国民全体の益利を害し，国民生活に重大な支障をもたらすおそれがあるとは必ずしもいえない。地方公務員の具体的な行為が禁止の対象たる争議行為に該当するかどうかは，争議行為を禁止することによって保護しようとする法益と，労働基本権を尊重し保障することによって実現しようとする法益との比較較量により，両者の要請を適切に調整する見地から判断することが必要である。」「また，地方公務員の行為が地公法37条1項の禁止する争議行為に該当する違法な行為と解される場合であっても，それが直ちに刑事罰をもってのぞむ違法性につながるものでない……。……したがって，地方公務員のする争議行為については，それが違法な行為である場合に，公務員としての義務違反を理由として，当該職員を懲戒処分の対象者とし，またはその職員に民事上の責任を負わせることは，もとよりありうべきところであるが，争議行為をしたことそのことを理由として刑事制裁を科することは，同法の認めないところ」である。

いわゆる「二重の絞り」論について，文章中の空欄を埋めなさい。

「地公法61条4号は，争議行為をした地方公務員自体を処罰の対象とすることなく，違法な争議行為のあおり行為等をした者にかぎって，これを処罰することにしているのであるが，このような処罰規定の定め方も，立法政策としての当否は別として，一般的に許されないとは決していえない。ただ，それは，争議行為自体が違法性の強いものであることを前提とし，そのような違法な争議行為等のあおり行為等であってはじめて，刑事罰をもってのぞむ違法性を認めようとする趣旨と解すべきであって，前叙のように，あおり行為等の対象となるべき違法な争議行為が存しない以上，地公法61条4号が適用される余地はない……。」「争議行為そのものに種々の態様があり，その違法性が認められる場合にも，その強弱に程度の差があるように，あおり行為等にもさまざまの態様があり，その違法性が認められる場合にも，その違法性の程度には強弱さまざまのものがありうる。それにもかかわらず，これらのニュアンスを一切否定して一律にあおり行為等を刑事罰をもってのぞむ違法性があるものと断定することは許されない……。ことに，争議行為そのものを処罰の対象とすることなく，あおり行為等にかぎって処罰すべきものとしている地公法61条4号の趣旨からいっても，争議行為に通常随伴して行なわれる行為のごときは，処罰の対象とされるべきものではない。……したがって，職員団体の構成員たる職員のした行為が，たとえ，あおり行為的な要素をあわせもつとしても，それは，原則として，刑事罰をもってのぞむ違法性を有するものとはいえない……。」「本件の一せい休暇闘争は，同盟罷業または怠業にあたり，その職務の停廃が次代の国民の教育上に障害をもたらすものとして，その違法性を否定することができないとしても，Xらは，いずれも都教組の執行委員長その他幹部たる組合員の地位において右指令の配布または趣旨伝達等の行為をしたというのであって，これらの行為は，本件争議行為の一環として行なわれたものであるから，前示の組合員のする争議行為に通常随伴する行為にあたるものと解すべきであり，Xらに対し，懲戒処分をし，また民事上の責任を追及するのはともかくとして，さきに説示した労働基本権尊重の憲法の精神に照らし，さらに，争議行為自体を処罰の対象としていない地公法61条4号の趣旨に徴し，これらXのした行為は，刑事罰をもってのぞむ違法性を欠く」として，原判決を破棄し，Xらを無罪とした。

□ ／ □ ／ □ ／

最大判昭48.4.25　全農林警職法事件

公務員の労働基本権制限の合理性について，文章中の空欄を埋めなさい。

「憲法28条は，『勤労者の団結する権利及び団体交渉その他の団体行動をする権利』，すなわちいわゆる労働基本権を保障している。この労働基本権の保障は，憲法25条のいわゆる生存権の保障を基本理念とし，憲法27条の勤労の権利および勤労条件に関する基準の法定の保障と相まって勤労者の経済的地位の向上を目的とする……。このような労働基本権の根本精神に即して考えると，公務員は，……勤労者として，自己の労務を提供することにより生活の資を得ているものである点において一般の勤労者と異なるところはないから，憲法28条の労働基本権の保障は公務員に対しても及ぶ……。ただ，この労働基本権は，右のように，勤労者の経済的地位の向上のための手段として認められたものであって，それ自体が目的とされる絶対的なものではないから，おのずから勤労者を含めた国民全体の共同利益の見地からする制約を免れないものであり，このことは，憲法13条の規定の趣旨に徴しても疑いのないところである（この場合，憲法13条にいう『公共の福祉』とは，勤労者たる地位にあるすべての者を包摂した国民全体の共同の利益を指す……。）」「公務員は，私企業の労働者と異なり，国民の信託に基づいて国政を担当する政府により任命されるものであるが，憲法15条の示すとおり，実質的には，その使用者は国民全体であり，公務員の労務提供義務は国民全体に対して負う……。……公務員の地位の特殊性と職務の公共性にかんがみるときは，これを根拠として公務員の労働基本権に対し必要やむをえない限度の制限を加えることは，十分合理的な理由がある……。けだし，公務員は，公共の利益のために勤務するものであり，公務の円滑な運営のためには，その担当する職務内容の別なく，それぞれの職場においてその職責を果すことが必要不可欠であって，公務員が争議行為に及ぶことは，その地位の特殊性および職務の公共性と相容れないばかりでなく，多かれ少なかれ公務の停廃をもたらし，その停廃は勤労者を含めた国民全体の共同利益に重大な影響を及ぼすか，またはその虞れがあるからである。」「……公務員の場合は，その給与の財源は国の財政とも関連して主として税収によって賄われ，私企業における労働者の利潤の分配要求のごときものとは全く異なり，その勤務条件はすべて政治的，財政的，社会的その他諸般の合理的な配慮により適当に決定されなければならず，しかもその決定は民主国家のルールに従い，立法府において論議のうえなされるべきもので，同盟罷業等争議行為の圧力による強制を容認する余地は全く存しない……。……公務員の勤務条件の決定に関し，政府が国会から適法な委任を受けていない事項について，

公務員が政府に対し争議行為を行なうことは，的はずれであって正常なものとはいいがたく，もしこのような制度上の制約にもかかわらず公務員による争議行為が行なわれるならば，使用者としての政府によっては解決できない立法問題に逢着せざるをえないこととなり，ひいては民主的に行なわれるべき公務員の勤務条件決定の手続過程を歪曲することともなって，憲法の基本原則である議会制民主主義（憲法41条，83条等参照）に背馳し，国会の議決権を侵す虞れすらなしとしない……。」「さらに，私企業の場合と対比すると，私企業においては，極めて公益性の強い特殊のものを除き，一般に使用者にはいわゆる作業所閉鎖（ロックアウト）をもって争議行為に対抗する手段があるばかりでなく，労働者の過大な要求を容れることは，企業の経営を悪化させ，企業そのものの存立を危殆ならしめ，ひいては労働者自身の失業を招くという重大な結果をもたらすことともなるのであるから，労働者の要求はおのずからその面よりの制約を免れず，ここにも私企業の労働者の争議行為と公務員のそれとを一律同様に考えることのできない理由の一が存する……。また，一般の私企業においては，その提供する製品または役務に対する需給につき，市場からの圧力を受けざるをえない関係上，争議行為に対しても，いわゆる市場の抑制力が働くことを必然とするのに反し，公務員の場合には，そのような市場の機能が作用する余地がないため，公務員の争議行為は場合によっては一方的に強力な圧力となり，この面からも公務員の勤務条件決定の手続をゆがめることとなる……。」「公務員の争議行為は，公務員の地位の特殊性と勤労者を含めた国民全体の共同利益の保障という見地から，一般私企業におけるとは異なる制約に服すべきものとなしうることは当然であ」る。「しかしながら，前述のように，公務員についても憲法によってその労働基本権が保障される以上，この保障と国民全体の共同利益の擁護との間に均衡が保たれることを必要とすることは，憲法の趣意であると解されるのであるから，その労働基本権を制限するにあたっては，これに代わる相応の措置が講じられなければならない。」「そこで，わが法制上の公務員の勤務関係における具体的措置が果して憲法の要請に添うものかどうかについて検討を加えてみるに，……公務員たる職員は，……法定の勤務条件を享受し，かつ，法律等による身分保障を受けながらも，特殊の公務員を除き，一般に，その勤務条件の維持改善を図ることを目的として職員団体を結成すること，結成された職員団体に加入し，または加入しないことの自由を保有し……，さらに，当局は，登録された職員団体から職員の給与，勤務時間その他の勤務条件に関し，およびこれに付帯して一定の事項に関し，交渉の申入れを受けた場合には，これに応ずべき地位に立つ……ものとされているのであるから，私企業におけるような団体協約を締結する権利は認められないとはいえ，原則的にはいわゆる交渉権が認められており，しかも職員は，右のように，職員団体の構成員であること，これを結成しようとしたこと，もしくはこれに加

入しようとしたことはもとより，その職員団体における正当な行為をしたことのために当局から不利益な取扱いを受けることがなく……，また，職員は，職員団体に属していないという理由で，交渉事項に関して不満を表明し，あるいは意見を申し出る自由を否定されない……。ただ，職員は，前記のように，その地位の特殊性と職務の公共性とにかんがみ……，政府が代表する使用者としての公衆に対して同盟罷業，怠業その他の争議行為または政府の活動能率を低下させる怠業的行為をすることを禁止され，また，何人たるを問わず，かかる違法な行為を企て，その遂行を共謀し，そそのかし，もしくはあおってはならないとされている。そしてこの禁止規定に違反した職員は，国に対し国公法その他に基づいて保有する任命または雇用上の権利を主張できないなど行政上の不利益を受けるのを免れない……。しかし，その中でも，単にかかる争議行為に参加したにすぎない職員については罰則はなく，争議行為の遂行を共謀し，そそのかし，もしくはあおり，またはこれらの行為を企てた者についてだけ罰則が設けられているのにとどまる……。」「以上の関係法規から見ると，労働基本権につき前記のような当然の制約を受ける公務員に対しても，法は，国民全体の共同利益を維持増進することとの均衡を考慮しつつ，その労働基本権を尊重し，これに対する制約，とくに罰則を設けることを，最少限度にとどめようとしている態度をとっている……。そして，この趣旨は，いわゆる全逓中郵事件判決の多数意見においても指摘されたところである（昭和……41年10月26日……判決（注：全逓東京中郵事件）……参照）。」「このように，その争議行為等が，勤労者をも含めた国民全体の共同利益の保障という見地から制約を受ける公務員に対しても，その生存権保障の趣旨から，法は，これらの制約に見合う代償措置として身分，任免，服務，給与その他に関する勤務条件についての周到詳密な規定を設け，さらに中央人事行政機関として準司法機関的性格をもつ人事院を設けている。ことに公務員は，法律によって定められる給与準則に基づいて給与を受け，その給与準則には俸給表のほか法定の事項が規定される等，いわゆる法定された勤務条件を享有しているのであって，人事院は，公務員の給与，勤務時間その他の勤務条件について，いわゆる情勢適応の原則により，国会および内閣に対し勧告または報告を義務づけられている。そして，公務員たる職員は，個別的にまたは職員団体を通じて俸給，給料その他の勤務条件に関し，人事院に対しいわゆる行政措置要求をし，あるいはまた，もし不利益な処分を受けたときは，人事院に対し審査請求をする途も開かれている……。このように，公務員は，労働基本権に対する制限の代償として，制度上整備された生存権擁護のための関連措置による保障を受けている……。」「公務員の従事する職務には公共性がある一方，法律によりその主要な勤務条件が定められ，身分が保障されているほか，適切な代償措置が講じられているのであるから，国公法98条5項がかかる公務員の争議行為およびそのあおり行為等を禁止するの

は，勤労者をも含めた国民全体の共同利益の見地からするやむをえない制約というべきであって，憲法28条に違反するものではない……。」

> 違法な公務員の争議行為のあおりと罰則について，文章中の空欄を埋めなさい。

「次に，国公法110条1項17号は，公務員の争議行為による業務の停廃が広く国民全体の共同利益に重大な障害をもたらす虞れのあることを考慮し，公務員たると否とを問わず，何人であってもかかる違法な争議行為の原動力または支柱としての役割を演じた場合については，そのことを理由として罰則を規定している……。すなわち，前述のように，公務員の争議行為の禁止は，憲法に違反することはないのであるから，何人であっても，この禁止を侵す違法な争議行為をあおる等の行為をする者は，違法な争議行為に対する原動力を与える者として，単なる争議参加者にくらべて社会的責任が重いのであり，また争議行為の開始ないしはその遂行の原因を作るものであるから，かかるあおり等の行為者の責任を問い，かつ，違法な争議行為の防遏を図るため，その者に対しとくに処罰の必要性を認めて罰則を設けることは，十分に合理性があるものということができる。したがって，国公法110条1項17号は，憲法18条，憲法28条に違反するもの」ではない。「さらに，憲法21条との関係を見るに，……Yらの所為ならびにそのあおった争議行為すなわち農林省職員の職場離脱による右職場大会は，警職法改正反対という政治的目的のためになされた……。」「ところで，憲法21条の保障する表現の自由といえども，もともと国民の無制約な恣意のままに許されるものではなく，公共の福祉に反する場合には合理的な制限を加えうるものと解すべきところ……，とくに勤労者なるがゆえに，本来経済的地位向上のための手段として認められた争議行為をその政治的主張貫徹のための手段として使用しうる特権をもつものとはいえないから，かかる争議行為が表現の自由として特別に保障されるということは，本来ありえない……。そして，前記のように，公務員は，もともと合憲である法律によって争議行為をすること自体が禁止されているのであるから，勤労者たる公務員は，かかる政治的目的のために争議行為をすることは，二重の意味で許されない……。してみると，このような禁止された公務員の違法な争議行為をあおる等の行為をあえてすることは，それ自体がたとえ思想の表現たるの一面をもつとしても，公共の利益のために勤務する公務員の重大な義務の懈怠を慫慂するにほかならないのであって，結局，国民全体の共同利益に重大な障害をもたらす虞れがあるものであり，憲法の保障する言論の自由の限界を逸脱する……。したがって，あおり等の行為を処罰すべきものとしている国公法110条1項17号は，憲法21条に違反するものということができない。」

不明確な限定解釈と憲法31条との関係について，文章中の空欄を埋めなさい。

　「公務員の行なう争議行為のうち，同法によって違法とされるものとそうでないものとの区別を認め，さらに違法とされる争議行為にも違法性の強いものと弱いものとの区別を立て，あおり行為等の罪として刑事制裁を科されるのはそのうち違法性の強い争議行為に対するものに限るとし，あるいはまた，あおり行為等につき，争議行為の企画，共謀，説得，慫慂，指令等を争議行為にいわゆる通常随伴するものとして，国公法上不処罰とされる争議行為自体と同一視し，かかるあおり等の行為自体の違法性の強弱または社会的許容性の有無を論ずることは，いずれも，とうてい是認することができない。けだし，いま，もし，国公法110条1項17号が，違法性の強い争議行為を違法性の強いまたは社会的許容性のない行為によりあおる等した場合に限ってこれに刑事制裁を科すべき趣旨であると解するときは，いうところの違法性の強弱の区別が元来はなはだ曖昧であるから刑事制裁を科しうる場合と科しえない場合との限界がすこぶる明確性を欠くこととなり，また同条項が争議行為に『通常随伴』し，これと同一視できる一体不可分のあおり等の行為を処罰の対象としていない趣旨と解することは，一般に争議行為が争議指導者の指令により開始され，打ち切られる現実を無視するばかりでなく，何ら労働基本権の保障を受けない第三者がした，このようなあおり等の行為までが処罰の対象から除外される結果となり，さらに，もしかかる第三者のしたあおり等の行為は，争議行為に『通常随伴』するものでないとしてその態様のいかんを問わずこれを処罰の対象とするものと解するときは，同一形態のあおり等をしながら公務員のしたものと第三者のしたものとの間に処罰上の差別を認めることとなって，……法文の『何人たるを問わず』と規定するところに反するばかりでなく，衡平を失する……。いずれにしても，このように不明確な限定解釈は，かえって犯罪構成要件の保障的機能を失わせることとなり，その明確性を要請する憲法31条に違反する疑いすら存する……。」

□＿＿／＿＿　□＿＿／＿＿　□＿＿／＿＿

最大判昭58.6.22　よど号ハイジャック記事抹消事件

未決拘禁者の人権制限の限界について，文章中の空欄を埋めなさい。

「未決勾留は，刑事訴訟法の規定に基づき，逃亡又は罪証隠滅の防止を目的として，被疑者又は被告人の居住を監獄内に限定するものであって，右の勾留により拘禁された者は，その限度で身体的行動の自由を制限されるのみならず，前記逃亡又は罪証隠滅の防止の目的のために<u>必要かつ合理的な範囲</u>において，それ以外の行為の自由をも制限されることを免れないのであり，このことは，未決勾留そのものの予定するところでもある。また，監獄は，多数の被拘禁者を外部から隔離して収容する施設であり，右施設内でこれらの者を集団として管理するにあたっては，<u>内部における規律及び秩序</u>を維持し，<u>その正常な状態を保持する</u>必要があるから，この目的のために必要がある場合には，未決勾留によって拘禁された者についても，この面からその者の身体的自由及びその他の行為の自由に一定の制限が加えられることは，やむをえない……。そして，この場合において，これらの自由に対する制限が<u>必要かつ合理的なものとして是認される</u>かどうかは，<u>右の目的のために制限が必要とされる程度</u>と，<u>制限される自由の内容及び性質，これに加えられる具体的制限の態様及び程度</u>等を較量して決せられるべきものである……。」

未決拘禁者の閲読の自由の制限について，文章中の空欄を埋めなさい。

「本件において問題とされているのは，……本件新聞記事抹消処分によるXらの新聞紙閲読の自由の制限が憲法に違反するかどうか，ということである。そこで検討するのに，およそ各人が，自由に，さまざまな意見，知識，情報に接し，これを摂取する機会をもつことは，その者が個人として<u>自己の思想及び人格を形成・発展させ</u>，社会生活の中にこれを反映させていくうえにおいて欠くことのできないものであり，また，<u>民主主義社会における思想及び情報の自由な伝達，交流の確保という基本的原理</u>を真に実効あるものたらしめるためにも，必要なところである。それゆえ，これらの意見，知識，情報の伝達の媒体である新聞紙，図書等の閲読の自由が憲法上保障されるべきことは，思想及び良心の自由の不可侵を定めた憲法19条の規定や，表現の自由を保障した憲法21条の規定の趣旨，目的から，いわばその<u>派生原理</u>として当然に導かれるところであり，また，すべて国民は個人として尊重される旨を定めた憲法13条の規定の趣旨に沿うゆえんでもある……。しかしながら，このような閲読の自由は，生活のさまざまな場面に

わたり，極めて広い範囲に及ぶものであって，もとよりXらの主張するようにその制限が絶対に許されないものとすることはできず，それぞれの場面において，これに優越する公共の利益のための必要から，一定の合理的制限を受けることがあることもやむをえない……。そしてこのことは，閲読の対象が新聞紙である場合でも例外ではない。この見地に立って考えると，本件におけるように，未決勾留により監獄に拘禁されている者の新聞紙，図書等の閲読の自由についても，逃亡及び罪証隠滅の防止という勾留の目的のためのほか，前記のような監獄内の規律及び秩序の維持のために必要とされる場合にも，一定の制限を加えられることはやむをえないものとして承認しなければならない。しかしながら，未決勾留は，前記刑事司法上の目的のために必要やむをえない措置として一定の範囲で個人の自由を拘束するものであり，他方，これにより拘禁される者は，当該拘禁関係に伴う制約の範囲外においては，原則として一般市民としての自由を保障されるべき者であるから，監獄内の規律及び秩序の維持のためにこれら被拘禁者の新聞紙，図書等の閲読の自由を制限する場合においても，それは，右の目的を達するために真に必要と認められる限度にとどめられるべきものである。したがって，右の制限が許されるためには，当該閲読を許すことにより右の規律及び秩序が害される一般的，抽象的なおそれがあるというだけでは足りず，被拘禁者の性向，行状，監獄内の管理，保安の状況，当該新聞紙，図書等の内容その他の具体的事情のもとにおいて，その閲読を許すことにより監獄内の規律及び秩序の維持上放置することのできない程度の障害が生ずる相当の蓋然性があると認められることが必要であり，かつ，その場合においても，右の制限の程度は，右の障害発生の防止のために必要かつ合理的な範囲にとどまるべき……である。」

　新聞記事抹消に関する刑事施設の長の裁量権の逸脱濫用の有無について，文章中の空欄を埋めなさい。

　「具体的場合における前記法令等の適用にあたり，当該新聞紙，図書等の閲読を許すことによって監獄内における規律及び秩序の維持に放置することができない程度の障害が生ずる相当の蓋然性が存するかどうか，及びこれを防止するためにどのような内容，程度の制限措置が必要と認められるかについては，監獄内の実情に通暁し，直接その衝にあたる監獄の長による個々の場合の具体的状況のもとにおける裁量的判断にまつべき点が少なくないから，障害発生の相当の蓋然性があるとした長の認定に合理的な根拠があり，その防止のために当該制限措置が必要であるとした判断に合理性が認められる限り，長の右措置は適法として是認すべき……である。」

□　／　　□　／　　□　／

最大判昭45.9.16　禁煙処分事件

　未決勾留により拘禁された者に対し喫煙を禁ずる規定が憲法13条に反しないかについて，文章中の空欄を埋めなさい。

　「未決勾留は，刑事訴訟法に基づき，逃走または罪証隠滅の防止を目的として，被疑者または被告人の居住を監獄内に限定するものであるところ，監獄内においては，多数の被拘禁者を収容し，これを集団として管理するにあたり，その秩序を維持し，正常な状態を保持するよう配慮する必要がある。このためには，被拘禁者の身体の自由を拘束するだけでなく，右の目的に照らし，必要な限度において，被拘禁者のその他の自由に対し，合理的制限を加えることもやむをえない……。」「そして，右の制限が必要かつ合理的なものであるかどうかは，制限の必要性の程度と制限される基本的人権の内容，これに加えられる具体的制限の態様との較量のうえに立って決せられるべき……である。」「これを本件についてみると，……監獄の現在の施設および管理態勢のもとにおいては，喫煙に伴う火気の使用に起因する火災発生のおそれが少なくなく，また，喫煙の自由を認めることにより通謀のおそれがあり，監獄内の秩序の維持にも支障をきたす……。右事実によれば，喫煙を許すことにより，罪証隠滅のおそれがあり，また，火災発生の場合には被拘禁者の逃走が予想され，かくては，直接拘禁の本質的目的を達することができない……。のみならず，被拘禁者の集団内における火災が人道上重大な結果を発生せしめる……。他面，煙草は生活必需品とまでは断じがたく，ある程度普及率の高い嗜好品にすぎず，喫煙の禁止は，煙草の愛好者に対しては相当の精神的苦痛を感ぜしめるとしても，それが人体に直接障害を与えるものではないのであり，かかる観点よりすれば，喫煙の自由は，憲法13条の保障する基本的人権の一に含まれるとしても，あらゆる時，所において保障されなければならないものではない。したがって，このような拘禁の目的と制限される基本的人権の内容，制限の必要性などの関係を総合考察すると，前記の喫煙禁止という程度の自由の制限は，必要かつ合理的なものであると解するのが相当であり，監獄法施行規則96条中未決勾留により拘禁された者に対し喫煙を禁止する規定が憲法13条に違反するものといえない……。」

□／□／□／

最判平18.3.23　在監者の信書発信

監獄法46条2項の合憲性について，文章中の空欄を埋めなさい。

「表現の自由を保障した憲法21条の規定の趣旨，目的にかんがみると，受刑者のその親族でない者との間の信書の発受は，受刑者の性向，行状，監獄内の管理，保安の状況，当該信書の内容その他の具体的事情の下で，これを許すことにより，監獄内の規律及び秩序の維持，受刑者の身柄の確保，受刑者の改善，更生の点において放置することのできない程度の障害が生ずる相当のがい然性があると認められる場合に限って，これを制限することが許されるものというべきであり，その場合においても，その制限の程度は，上記障害の発生防止のために必要かつ合理的な範囲にとどまるべきものと解するのが相当である。そうすると，監獄法46条2項は，その文言上は，特に必要があると認められる場合に限って上記信書の発受を許すものとしているようにみられるけれども，上記信書の発受の必要性は広く認められ，上記要件及び範囲でのみその制限が許されることを定めたものと解するのが相当であり，したがって，同項が憲法21条，14条1項に違反するものでないことは，当裁判所の判例（最高裁昭和……45年9月16日……判決……（注：禁煙処分事件），最高裁昭和……58年6月22日……判決……（注：よど号ハイジャック記事抹消事件））の趣旨に徴して明らかである」。

□＿／＿□＿／＿□＿／

最大判昭48.12.12　三菱樹脂事件

国家と個人の間を規律する憲法の規定を私人間にも適用できないかについて，文章中の空欄を埋めなさい。

憲法19条，14条の「各規定は，同法第三章のその他の自由権的基本権の保障規定と同じく，国または公共団体の統治行動に対して個人の基本的な自由と平等を保障する目的に出たもので，もっぱら国または公共団体と個人との関係を規律するものであり，私人相互の関係を直接規律することを予定するものではない。このことは，基本的人権なる観念の成立および発展の歴史的沿革に徴し，かつ，憲法における基本権規定の形式，内容にかんがみても明らかである。のみならず，これらの規定の定める個人の自由や平等は，国や公共団体の統治行動に対する関係においてこそ，侵されることのない権利として保障されるべき性質のものであるけれども，私人間の関係においては，各人の有する自由と平等の権利自体が具体的場合に相互に矛盾，対立する可能性があり，このような場合におけるその対立の調整は，近代自由社会においては，原則として私的自治に委ねられ」ている。「……私的支配関係においては，個人の基本的な自由や平等に対する具体的な侵害またはそのおそれがあり，その態様，程度が社会的に許容しうる限度を超えるときは，これに対する立法措置によってその是正を図ることが可能であるし，また，場合によっては，私的自治に対する一般的制限規定である民法１条，90条や不法行為に関する諸規定等の適切な運用によって，一面で私的自治の原則を尊重しながら，他面で社会的許容性の限度を超える侵害に対し基本的な自由や平等の利益を保護し，その間の適切な調整を図る方途も存する……。」「……ところで，憲法は，思想，信条の自由や法の下の平等を保障すると同時に，他方，22条，29条等において，財産権の行使，営業その他広く経済活動の自由をも基本的人権として保障している。それゆえ，企業者は，かような経済活動の一環としてする契約締結の自由を有し，自己の営業のために労働者を雇傭するにあたり，いかなる者を雇い入れるか，いかなる条件でこれを雇うかについて，法律その他による特別の制限がない限り，原則として自由にこれを決定することができるのであって，企業者が特定の思想，信条を有する者をそのゆえをもって雇い入れることを拒んでも，それを当然に違法とすることはできないのである。憲法14条の規定が私人のこのような行為を直接禁止するものでないことは前記のとおりであり，また，労働基準法３条は労働者の信条によって賃金その他の労働条件につき差別することを禁じているが，これは，雇入れ後における労働条件についての制限であって，雇入れそのものを制約する規定ではない。また，思想，信条を理由

とする雇入れの拒否を直ちに民法上の不法行為とすることができないことは明らかであり，その他これを公序良俗違反と解すべき根拠も見出すことはできない。」
「企業者が雇傭の自由を有し，思想，信条を理由として雇入れを拒んでもこれを目して違法とすることができない以上，企業者が，労働者の採否決定にあたり，労働者の思想，信条を調査し，そのためその者からこれに関連する事項についての申告を求めることも，これを法律上禁止された違法行為とすべき理由はない。」

□___／___□___／___□___／___

最判昭56.3.24　日産自動車事件

　会社の就業規則中，女子の定年年齢を男子より低く定めた部分が民法90条に違反しないかについて，文章中の空欄を埋めなさい。

　「Y会社の就業規則は男子の定年年齢を60歳，女子の定年年齢を55歳と規定しているところ，右の男女別定年制に合理性があるか否かにつき，……Y会社においては，女子従業員の担当職務は相当広範囲にわたっていて，従業員の努力とY会社の活用策いかんによっては貢献度を上げうる職種が数多く含まれており，女子従業員各個人の能力等の評価を離れて，その全体をY会社に対する貢献度の上がらない従業員と断定する根拠はないこと，しかも，女子従業員について労働の質量が向上しないのに実質賃金が上昇するという不均衡が生じていると認めるべき根拠はないこと，少なくとも60歳前後までは，男女とも通常の職務であれば企業経営上要求される職務遂行能力に欠けるところはなく，各個人の労働能力の差異に応じた取扱がされるのは格別，一律に従業員として不適格とみて企業外へ排除するまでの理由はないことなど，Y会社の企業経営上の観点から定年年齢において女子を差別しなければならない合理的理由は認められない……。そうすると，……Y会社の就業規則中女子の定年年齢を男子より低く定めた部分は，専ら女子であることのみを理由として差別したことに帰着するものであり，性別のみによる不合理な差別を定めたものとして民法90条の規定により無効である……（憲法14条1項，民法1条ノ2［現2条］参照）。」

最判昭49.7.19 昭和女子大事件

基本権の私人間効力について，文章中の空欄を埋めなさい。

「憲法19条，21条，23条等のいわゆる自由権的基本権の保障規定は，国又は公共団体の統治行動に対して個人の基本的な自由と平等を保障することを目的とした規定であって，専ら国又は公共団体と個人との関係を規律するものであり，私人相互間の関係について当然に適用ないし類推適用されるものでないことは，当裁判所大法廷判例（昭和……48年12月12日判決（注：三菱樹脂事件判決）……）の示すところである。したがって，その趣旨に徴すれば，私立学校であるY大学の学則の細則としての性質をもつ前記生活要録の規定について直接憲法の右基本権保障規定に違反するかどうかを論ずる余地はない……。」

大学の学則制定権能について，文章中の空欄を埋めなさい。

「大学は，国公立であると私立であるとを問わず，学生の教育と学術の研究を目的とする公共的な施設であり，法律に格別の規定がない場合でも，その設置目的を達成するために必要な事項を学則等により一方的に制定し，これによって在学する学生を規律する包括的権能を有する……。特に私立学校においては，建学の精神に基づく独自の伝統ないし校風と教育方針とによって社会的存在意義が認められ，学生もそのような伝統ないし校風と教育方針のもとで教育を受けることを希望して当該大学に入学するものと考えられるのであるから，右の伝統ないし校風と教育方針を学則等において具体化し，これを実践することが当然認められるべきであり，学生としてもまた，当該大学において教育を受けるかぎり，かかる規律に服することを義務づけられる……。もとより，学校当局の有する右の包括的権能は無制限なものではありえず，在学関係設定の目的と関連し，かつ，その内容が社会通念に照らして合理的と認められる範囲においてのみ是認されるものであるが，具体的に学生のいかなる行動についていかなる程度，方法の規制を加えることが適切であるとするかは，それが教育上の措置に関するものであるだけに，必ずしも画一的に決することはできず，各学校の伝統ないし校風や教育方針によってもおのずから異なる……。」

私立大学における「学生は補導部の許可なくして学外の団体に加入することができない」とする生活要録の適法性について，文章中の空欄を埋めなさい。

「生活要録の規定をみるに，……Y大学が学生の思想の穏健中正を標榜する保守的傾向の私立学校であることをも勘案すれば，右要録の規定は，政治的目的をもつ署名運動に学生が参加し又は政治的活動を目的とする学外の団体に学生が加入するのを放任しておくことは教育上好ましくないとする同大学の教育方針に基づき，このような学生の行動について届出制あるいは許可制をとることによってこれを規制しようとする趣旨を含むものと解されるのであって，かかる規制自体を不合理なものと断定することができない……。」

私立大学における生活要録違反に基づく退学処分の適法性について，文章中の空欄を埋めなさい。

「大学の学生に対する懲戒処分は，教育及び研究の施設としての大学の内部規律を維持し，教育目的を達成するために認められる自律作用であって，懲戒権者たる学長が学生の行為に対して懲戒処分を発動するにあたり，その行為が懲戒に値いするものであるかどうか，また，懲戒処分のうちいずれの処分を選ぶべきかを決するについては，当該行為の軽重のほか，本人の性格及び平素の行状，右行為の他の学生に与える影響，懲戒処分の本人及び他の学生に及ぼす訓戒的効果，右行為を不問に付した場合の一般的影響等諸般の要素を考慮する必要があり，これらの点の判断は，学内の事情に通暁し直接教育の衝にあたるものの合理的な裁量に任すのでなければ，適切な結果を期しがたい……。もっとも，学校教育法11条は，懲戒処分を行うことができる場合として，単に『教育上必要と認めるとき』と規定するにとどまるのに対し，これをうけた同法施行規則13条3項は，退学処分についてのみ4個の具体的な処分事由を定めており，Y大学の学則36条にも右と同旨の規定がある。これは，退学処分が，他の懲戒処分と異なり，学生の身分を剥奪する重大な措置であることにかんがみ，当該学生に改善の見込がなく，これを学外に排除することが教育上やむをえないと認められる場合にかぎって退学処分を選択すべきであるとの趣旨において，その処分事由を限定的に列挙したものと解される。この趣旨からすれば，同法施行規則13条3項4号及びY大学の学則36条4号にいう『学校の秩序を乱し，その他学生としての本分に反した』ものとして退学処分を行うにあたっては，その要件の認定につき他の処分の選択に比較して特に慎重な配慮を要することはもちろんであるが，退学処分の選択も前記のような諸般の要素を勘案して決定される教育的判断にほかならないことを考えれば，具体的事案において当該学生に改善の見込がなくこれを学外に排除することが教育上やむをえないかどうかを判定するについて，あらかじめ

本人に反省を促すための補導を行うことが教育上必要かつ適切であるか，また，その補導をどのような方法と程度において行うべきか等については，それぞれの学校の方針に基づく学校当局の具体的かつ専門的・自律的判断に委ねざるをえない……。したがって，……当該事案の諸事情を総合的に観察して，その退学処分の選択が社会通念上合理性を認めることができないようなものでないかぎり，同処分は，懲戒権者の裁量権の範囲内にあるものとして，その効力を否定することはできない……。

アガルートの総合講義1問1答

□ ／ □ ／ □ ／

最判昭56.4.14 前科照会事件

　区長が弁護士法23条の2に基づく前科の照会に応じた行為の適法性について，文章中の空欄を埋めなさい。

　「前科及び犯罪経歴（以下『前科等』という。）は人の名誉，信用に直接にかかわる事項であり，前科等のある者もこれをみだりに公開されないという法律上の保護に値する利益を有するのであって，市区町村長が，本来選挙資格の調査のために作成保管する犯罪人名簿に記載されている前科等をみだりに漏えいしてはならないことはいうまでもない……。前科等の有無が訴訟等の重要な争点となっていて，市区町村長に照会して回答を得るのでなければ他に立証方法がないような場合には，裁判所から前科等の照会を受けた市区町村長は，これに応じて前科等につき回答をすることができるのであり，同様な場合に弁護士法23条の2に基づく照会に応じて報告することも許されないわけのものではないが，その取扱いには格別の慎重さが要求される……。本件において，……京都弁護士会が訴外B弁護士の申出により京都市伏見区役所に照会し，同市C区長に回付されたXの前科等の照会文書には，照会を必要とする事由としては，右照会文書に添付されていたB弁護士の照会申出書に『中央労働委員会，京都地方裁判所に提出するため』とあったにすぎないというのであり，このような場合に，市区町村長が漫然と弁護士会の照会に応じ，犯罪の種類，軽重を問わず，前科等のすべてを報告することは，公権力の違法な行使にあたる……。」

□　／　□　／　□　／

最大判昭44.12.24　京都府学連事件

　　デモ行進が公安条例に反すると判断した警察官が証拠保全のためにデモ参加者等の容ぼうを写真撮影した行為の適法性について，文章中の空欄を埋めなさい。

　「憲法13条は，……国民の私生活上の自由が，警察権等の国家権力の行使に対しても保護されるべきことを規定している……。そして，個人の私生活上の自由の一つとして，何人も，その承諾なしに，みだりにその容ぼう・姿態（以下『容ぼう等』という。）を撮影されない自由を有する……。」「これを肖像権と称するかどうかは別として，少なくとも，警察官が，正当な理由もないのに，個人の容ぼう等を撮影することは，憲法13条の趣旨に反し，許されない……。しかしながら，個人の有する右自由も，国家権力の行使から無制限に保護されるわけでなく，公共の福祉のため必要のある場合には相当の制限を受ける……。そして，犯罪を捜査することは，公共の福祉のため警察に与えられた国家作用の１つであり，警察にはこれを遂行すべき責務があるのであるから……，警察官が犯罪捜査の必要上写真を撮影する際，その対象の中に犯人のみならず第三者である個人の容ぼう等が含まれても，これが許容される場合がありうる……。」「そこで，その許容される限度について考察すると，身体の拘束を受けている被疑者の写真撮影を規定した刑訴法218条２項（現３項）のような場合のほか，次のような場合には，撮影される本人の同意がなく，また裁判官の令状がなくても，警察官による個人の容ぼう等の撮影が許容される……。すなわち，現に犯罪が行なわれもしくは行なわれたのち間がないと認められる場合であって，しかも証拠保全の必要性および緊急性があり，かつその撮影が一般的に許容される限度をこえない相当の方法をもって行なわれるときである。このような場合に行なわれる警察官による写真撮影は，その対象の中に，犯人の容ぼう等のほか，犯人の身辺または被写体とされた物件の近くにいたためこれを除外できない状況にある第三者である個人の容ぼう等を含むことになっても，憲法13条，35条に違反しない……。」

□＿／＿□＿／＿□＿／＿

最判平7.12.15　指紋押捺拒否事件

指紋押捺制度の13条1項違反について，文章中の空欄を埋めなさい。

「指紋は……それ自体では個人の私生活や人格，思想，信条，良心等個人の内心に関する情報となるものではないが，性質上万人不同性，終生不変性をもつので，採取された指紋の利用方法次第では個人の私生活あるいはプライバシーが侵害される危険性がある。このような意味で，指紋の押なつ制度は，国民の私生活上の自由と密接な関連をもつものと考えられる。」「憲法13条は，国民の私生活上の自由が国家権力の行使に対して保護されるべきことを規定していると解されるので，個人の私生活上の自由の一つとして，何人もみだりに指紋の押なつを強制されない自由を有するものというべきであり，国家機関が正当な理由もなく指紋の押なつを強制することは，同条の趣旨に反して許されず，また，右の自由の保障は我が国に在留する外国人にも等しく及ぶ……（最高裁昭和44年12月24日……判決（注：京都府学連事件判決）……，最高裁昭和……53年10月4日……判決（注：マクリーン事件判決）……参照）。」「しかしながら，右の自由も，国家権力の行使に対して無制限に保護されるものではなく，公共の福祉のため必要がある場合には相当の制限を受けることは，憲法13条に定められている……。」「そこで，外国人登録法が定める在留外国人についての指紋押なつ制度についてみると，同制度は，昭和27年に外国人登録法……が立法された際に，同法1条の『本邦に在留する外国人の登録を実施することによって外国人の居住関係及び身分関係を明確ならしめ，もって在留外国人の公正な管理に資する』という目的を達成するため，戸籍制度のない外国人の人物特定につき最も確実な制度として制定されたもので，その立法目的には十分な合理性があり，かつ，必要性も肯定できる……。」「また，その具体的な制度内容について……，……本件当時の制度内容は，押なつ義務が3年に一度で，押なつ対象指紋も1指のみであり，加えて，その強制も罰則による間接強制にとどまるものであって，精神的，肉体的に過度の苦痛を伴うものとまではいえず，方法としても，一般的に許容される限度を超えない相当なものであった……。」指紋押なつ制度を定めた外国人登録法（当時）14条1項，18条1項8号は13条に反しない。

指紋押捺制度の14条1項違反について，文章中の空欄を埋めなさい。

「指紋押なつ制度は，……目的，必要性，相当性が認められ，戸籍制度のない外国人については，日本人とは社会的事実関係上の差異があって，その取扱いの差異には合理的根拠があるので」憲法14条に違反しない。

☐ ／ ☐ ／ ☐ ／

最判平15.9.12 早稲田大学講演会名簿提出事件

　私立大学が外国国家主席の講演会に先立ち参加希望者の氏名等の記入をした名簿の写しを警視庁に提出した行為の違法性について，文章中の空欄を埋めなさい。

　「学籍番号，氏名，住所及び電話番号は，Ｙ大学が個人識別等を行うための単純な情報であって，その限りにおいては，秘匿されるべき必要性が必ずしも高いものではない。……しかし，このような個人情報についても，本人が，自己が欲しない他者にはみだりにこれを開示されたくないと考えることは自然なことであり，そのことへの期待は保護されるべきものであるから，本件個人情報は，Ｘらのプライバシーに係る情報として法的保護の対象となる……。」「このようなプライバシーに係る情報は，取扱い方によっては，個人の人格的な権利利益を損なうおそれのあるものであるから，慎重に取り扱われる必要がある。本件講演会の主催者として参加者を募る際にＸらの本件個人情報を収集したＹは，Ｘらの意思に基づかずにみだりにこれを他者に開示することは許されない……ところ，Ｙが本件個人情報を警察に開示することをあらかじめ明示した上で本件講演会参加希望者に本件名簿へ記入させるなどして開示について承諾を求めることは容易であったものと考えられ，それが困難であった特別の事情がうかがわれない本件においては，本件個人情報を開示することについてＸらの同意を得る手続を執ることなく，Ｘらに無断で本件個人情報を警察に開示した同大学の行為は，Ｘらが任意に提供したプライバシーに係る情報の適切な管理についての合理的な期待を裏切るものであり，Ｘらのプライバシーを侵害するものとして不法行為を構成する……。」

□　／　□　／　□　／

最判平20.3.6　住基ネット事件

　行政機関が住基ネットにより住民の個人情報を管理・利用する行為の適法性について，文章中の空欄を埋めなさい。

　「憲法13条は，国民の私生活上の自由が公権力の行使に対しても保護されるべきことを規定しているものであり，個人の私生活上の自由の一つとして，何人も，個人に関する情報をみだりに第三者に開示又は公表されない自由を有するものと解される（最高裁昭和……44年12月24日判決（注：京都府学連事件判決）……参照）」。「そこで，住基ネットがXらの上記の自由を侵害するものであるか否かについて検討するに，住基ネットによって管理，利用等される本人確認情報は，氏名，生年月日，性別及び住所から成る4情報に，住民票コード及び変更情報を加えたものにすぎない。このうち4情報は，人が社会生活を営む上で一定の範囲の他者には当然開示されることが予定されている個人識別情報であり，変更情報も，転入，転出等の異動事由，異動年月日及び異動前の本人確認情報にとどまるもので，これらはいずれも，個人の内面に関わるような秘匿性の高い情報とはいえない。これらの情報は，住基ネットが導入される以前から，住民票の記載事項として，住民基本台帳を保管する各市町村において管理，利用等されるとともに，法令に基づき必要に応じて他の行政機関等に提供され，その事務処理に利用されてきたものである。そして，住民票コードは，住基ネットによる本人確認情報の管理，利用等を目的として，都道府県知事が無作為に指定した数列の中から市町村長が一を選んで各人に割り当てたものであるから，上記目的に利用される限りにおいては，その秘匿性の程度は本人確認情報と異なるものではない。」「また，……住基ネットによる本人確認情報の管理，利用等は，法令等の根拠に基づき，住民サービスの向上及び行政事務の効率化という正当な行政目的の範囲内で行われている……。住基ネットのシステム上の欠陥等により外部から不当にアクセスされるなどして本人確認情報が容易に漏えいする具体的な危険はないこと，受領者による本人確認情報の目的外利用又は本人確認情報に関する秘密の漏えい等は，懲戒処分又は刑罰をもって禁止されていること，住基法は，都道府県に本人確認情報の保護に関する審議会を，指定情報処理機関に本人確認情報保護委員会を設置することとして，本人確認情報の適切な取扱いを担保するための制度的措置を講じていることなどに照らせば，住基ネットにシステム技術上又は法制度上の不備があり，そのために本人確認情報が法令等の根拠に基づかずに又は正当な行政目的の範囲を逸脱して第三者に開示又は公表される具体的な危険が生じているということもできない。」

重要判例要旨一覧

□ ／ □ ／ □ ／

最決平 29.1.31　忘れられる権利

いわゆる「忘れられる権利」について，文章中の空欄を埋めなさい。

「……検索事業者は，インターネット上のウェブサイトに掲載されている情報を網羅的に収集してその複製を保存し，同複製を基にした索引を作成するなどして情報を整理し，利用者から示された一定の条件に対応する情報を同索引に基づいて検索結果として提供するものであるが，この情報の収集，整理及び提供はプログラムにより自動的に行われるものの，同プログラムは検索結果の提供に関する検索事業者の方針に沿った結果を得ることができるように作成されたものであるから，検索結果の提供は検索事業者自身による表現行為という側面を有する。また，検索事業者による検索結果の提供は，公衆が，インターネット上に情報を発信したり，インターネット上の膨大な量の情報の中から必要なものを入手したりすることを支援するものであり，現代社会においてインターネット上の情報流通の基盤として大きな役割を果たしている。そして，検索事業者による特定の検索結果の提供行為が違法とされ，その削除を余儀なくされるということは，上記方針に沿った一貫性を有する表現行為の制約であることはもとより，検索結果の提供を通じて果たされている上記役割に対する制約でもあるといえる。」「以上のような検索事業者による検索結果の提供行為の性質等を踏まえると，検索事業者が，ある者に関する条件による検索の求めに応じ，その者のプライバシーに属する事実を含む記事等が掲載されたウェブサイトのURL等情報を検索結果の一部として提供する行為が違法となるか否かは，当該事実の性質及び内容，当該URL等情報が提供されることによってその者のプライバシーに属する事実が伝達される範囲とその者が被る具体的被害の程度，その者の社会的地位や影響力，上記記事等の目的や意義，上記記事等が掲載された時の社会的状況とその後の変化，上記記事等において当該事実を記載する必要性など，当該事実を公表されない法的利益と当該URL等情報を検索結果として提供する理由に関する諸事情を比較衡量して判断すべきもので，その結果，当該事実を公表されない法的利益が優越することが明らかな場合には，検索事業者に対し，当該URL等情報を検索結果から削除することを求めることができるものと解するのが相当である。」「これを本件についてみると，Xは，本件検索結果に含まれるURLで識別されるウェブサイトに本件事実の全部又は一部を含む記事等が掲載されているとして本件検索結果の削除を求めているところ，児童買春をしたとの被疑事実に基づき逮捕されたという本件事実は，他人にみだりに知られたくないXのプライバシーに属する事実であるものではあるが，児童買春が児童に対する性的搾取及び性的虐待

と位置付けられており，社会的に強い非難の対象とされ，罰則をもって禁止されていることに照らし，今なお公共の利害に関する事項であるといえる。また，本件検索結果はＸの居住する県の名称及びＸの氏名を条件とした場合の検索結果の一部であることなどからすると，本件事実が伝達される範囲はある程度限られたものであるといえる。以上の諸事情に照らすと，Ｘが妻子と共に生活し，……罰金刑に処せられた後は一定期間犯罪を犯すことなく民間企業で稼働していることがうかがわれることなどの事情を考慮しても，本件事実を公表されない法的利益が優越することが明らかであるとはいえない。」

□___／___□___／___□___／___

最判平12.2.29　エホバの証人輸血拒否事件

患者が，輸血を受けることは自己の宗教上の信念に反するとして，輸血を伴う医療行為を拒否するとの明確な意思を有している場合に，医師が救命の必要があるとして輸血をした行為の適法性について，文章中の空欄を埋めなさい。

「……患者が，輸血を受けることは自己の宗教上の信念に反するとして，輸血を伴う医療行為を拒否するとの明確な意思を有している場合，このような意思決定をする権利は，人格権の一内容として尊重されなければならない。そして，患者が，宗教上の信念からいかなる場合にも輸血を受けることは拒否するとの固い意思を有しており，輸血を伴わない手術を受けることができると期待して医科研に入院したことを医師らが知っていたなど本件の事実関係の下では，医師らは，手術の際に輸血以外には救命手段がない事態が生ずる可能性を否定し難いと判断した場合には，患者に対し，医科研としてはそのような事態に至ったときには輸血するとの方針を採っていることを説明して，医科研への入院を継続した上，医師らの下で本件手術を受けるか否かを患者自身の意思決定にゆだねるべきであった……。」「ところが，医師らは，本件手術に至るまでの約1か月の間に，手術の際に輸血を必要とする事態が生ずる可能性があることを認識したにもかかわらず，患者に対して医科研が採用していた右方針を説明せず，同人及びXらに対して輸血する可能性があることを告げないまま本件手術を施行し，右方針に従って輸血をしたのである。そうすると，本件においては，医師らは，右説明を怠ったことにより，患者が輸血を伴う可能性のあった本件手術を受けるか否かについて意思決定をする権利を奪ったものといわざるを得ず，この点において同人の人格権を侵害したものとして，同人がこれによって被った精神的苦痛を慰謝すべき責任を負う……。」

□ ／ □ ／ □ ／

最大判昭60.3.27　サラリーマン税金訴訟

租税法規に対する司法審査について，文章中の空欄を埋めなさい。

「租税は，今日では，国家の財政需要を充足するという本来の機能に加え，所得の再分配，資源の適正配分，景気の調整等の諸機能をも有しており，国民の租税負担を定めるについて，財政・経済・社会政策等の国政全般からの総合的な政策判断を必要とするばかりでなく，課税要件等を定めるについて，<u>極めて専門技術的な判断を必要とする</u>……。したがって，租税法の定立については，国家財政，社会経済，国民所得，国民生活等の実態についての正確な資料を基礎とする<u>立法府の政策的，技術的な判断にゆだねるほかはなく，裁判所は，基本的にはその裁量的判断を尊重せざるを得ない</u>……。そうであるとすれば，租税法の分野における所得の性質の違い等を理由とする取扱いの区別は，その<u>立法目的が正当なものであり，かつ，当該立法において具体的に採用された区別の態様が右目的との関連で著しく不合理であることが明らかでない限り</u>，その合理性を否定することができず，これを憲法14条1項の規定に違反するものということはできない……。」

給与所得者に必要経費の実額控除を認めていないことの合理性について，文章中の空欄を埋めなさい。

「旧所得税法が給与所得に係る必要経費につき実額控除を排し，代わりに概算控除の制度を設けた目的は，給与所得者と事業所得者等との租税負担の均衡に配意しつつ，右のような弊害を防止することにあることが明らかであるところ，<u>租税負担を国民の間に公平に配分するとともに，租税の徴収を確実・的確かつ効率的に実現すること</u>は，租税法の基本原則であるから，右の目的は正当性を有する」。「しかるところ，給与所得者の職務上必要な諸設備，備品等に係る経費は使用者が負担するのが通例であり，また，職務に関し必要な旅行や通勤の費用に充てるための金銭給付，職務の性質上欠くことのできない現物給付などがおおむね非課税所得として扱われていることを考慮すれば，本件訴訟における全資料に徴しても，給与所得者において自ら負担する必要経費の額が一般に旧所得税法所定の……給与所得控除の額を明らかに上回るものと認めることは困難であって，右給与所得控除の額は給与所得に係る必要経費の額との対比において<u>相当性を欠くことが明らかであるということはできない</u>……。」「以上のとおりであるから，旧所得税法が必要経費の控除について事業所得者等と給与所得者との間に設けた……

区別は，合理的なものであり，憲法14条1項の規定に違反するものではない……。」

□　／　□　／　□　／

最大判平20.6.4　旧国籍法3条1項違憲判決

　旧国籍法3条1項が憲法14条1項に反するか否かについて，文章中の空欄を埋め
なさい。

　「憲法10条は，『日本国民たる要件は，法律でこれを定める。』と規定し，これ
を受けて，国籍法は，日本国籍の得喪に関する要件を規定している。憲法10条
の規定は，国籍は国家の構成員としての資格であり，国籍の得喪に関する要件を
定めるに当たってはそれぞれの国の歴史的事情，伝統，政治的，社会的及び経済
的環境等，種々の要因を考慮する必要があることから，これをどのように定める
かについて，立法府の裁量判断にゆだねる趣旨のものである……。しかしながら，
このようにして定められた日本国籍の取得に関する法律の要件によって生じた区
別が，合理的理由のない差別的取扱いとなるときは，憲法14条1項違反の問題
を生ずる……。すなわち，立法府に与えられた上記のような裁量権を考慮しても，
なおそのような区別をすることの立法目的に合理的な根拠が認められない場合，
又はその具体的な区別と上記の立法目的との間に合理的関連性が認められない場
合には，当該区別は，合理的な理由のない差別として，同項に違反する……。」「日
本国籍は，我が国の構成員としての資格であるとともに，我が国において基本的
人権の保障，公的資格の付与，公的給付等を受ける上で意味を持つ重要な法的地
位でもある。一方，父母の婚姻により嫡出子たる身分を取得するか否かというこ
とは，子にとっては自らの意思や努力によっては変えることのできない父母の身
分行為に係る事柄である。したがって，このような事柄をもって日本国籍取得の
要件に関して区別を生じさせることに合理的な理由があるか否かについては，慎
重に検討することが必要である。」

　国籍法3条1項が設けられた「主な理由は，日本国民である父が出生後に認知
した子については，父母の婚姻により嫡出子たる身分を取得することによって，
日本国民である父との生活の一体化が生じ，家族生活を通じた我が国社会との密
接な結び付きが生ずることから，日本国籍の取得を認めることが相当であるとい
う点にある……。」「このような目的を達成するため準正その他の要件が設けられ，
これにより本件区別が生じたのであるが，本件区別を生じさせた上記の立法目的
自体には，合理的な根拠がある……。」

　「国籍法3条1項の規定が設けられた当時の社会通念や社会的状況の下におい
ては，日本国民である父と日本国民でない母との間の子について，父母が法律上
の婚姻をしたことをもって日本国民である父との家族生活を通じた我が国との密
接な結び付きの存在を示すものとみることには相応の理由があったものとみら

れ，当時の諸外国における前記のような国籍法制の傾向にかんがみても，同項の規定が認知に加えて準正を日本国籍取得の要件としたことには，上記の立法目的との間に一定の合理的関連性があった……。」「しかしながら，その後，我が国における社会的，経済的環境等の変化に伴って，夫婦共同生活の在り方を含む家族生活や親子関係に関する意識も一様ではなくなってきており，今日では，出生数に占める非嫡出子の割合が増加するなど，家族生活や親子関係の実態も変化し多様化してきている。このような社会通念及び社会的状況の変化に加えて，近年，我が国の国際化の進展に伴い国際的交流が増大することにより，日本国民である父と日本国民でない母との間に出生する子が増加しているところ，両親の一方のみが日本国民である場合には，同居の有無など家族生活の実態においても，法律上の婚姻やそれを背景とした親子関係の在り方についての認識においても，両親が日本国民である場合と比べてより複雑多様な面があり，その子と我が国との結び付きの強弱を両親が法律上の婚姻をしているか否かをもって直ちに測ることはできない。これらのことを考慮すれば，日本国民である父が日本国民でない母と法律上の婚姻をしたことをもって，初めて子に日本国籍を与えるに足りるだけの我が国との密接な結び付きが認められるものとすることは，今日では必ずしも家族生活等の実態に適合するものということはできない。」「また，諸外国においては，非嫡出子に対する法的な差別的取扱いを解消する方向にあることがうかがわれ，我が国が批准した市民的及び政治的権利に関する国際規約及び児童の権利に関する条約にも，児童が出生によっていかなる差別も受けないとする趣旨の規定が存する。さらに，国籍法3条1項の規定が設けられた後，自国民である父の非嫡出子について準正を国籍取得の要件としていた多くの国において，今日までに，認知等により自国民との父子関係の成立が認められた場合にはそれだけで自国籍の取得を認める旨の法改正が行われている。」「以上のような我が国を取り巻く国内的，国際的な社会的環境等の変化に照らしてみると，準正を出生後における届出による日本国籍取得の要件としておくことについて，前記の立法目的との間に合理的関連性を見いだすことがもはや難しくなっている……。」「国籍法は，……父母両系血統主義を採用し，日本国民である父又は母との法律上の親子関係があることをもって我が国との密接な結び付きがあるものとして日本国籍を付与するという立場に立って，出生の時に父又は母のいずれかが日本国民であるときには子が日本国籍を取得するものとしている（2条1号）。その結果，日本国民である父又は母の嫡出子として出生した子はもとより，日本国民である父から胎児認知された非嫡出子及び日本国民である母の非嫡出子も，生来的に日本国籍を取得することとなるところ，同じく日本国民を血統上の親として出生し，法律上の親子関係を生じた子であるにもかかわらず，日本国民である父から出生後に認知された子のうち準正により嫡出子たる身分を取得しないものに限っては，生来的に

日本国籍を取得しないのみならず，同法３条１項所定の届出により日本国籍を取得することもできない……。このような区別の結果，日本国民である父から出生後に認知されたにとどまる非嫡出子のみが，日本国籍の取得について著しい差別的取扱いを受けている……。」「日本国籍の取得が，前記のとおり，我が国において基本的人権の保障等を受ける上で重大な意味を持つものであることにかんがみれば，以上のような差別的取扱いによって子の被る不利益は看過し難いものというべきであり，このような差別的取扱いについては，前記の立法目的との間に合理的関連性を見いだし難い……。とりわけ，日本国民である父から胎児認知された子と出生後に認知された子との間においては，日本国民である父との家族生活を通じた我が国社会との結び付きの程度に一般的な差異が存するとは考え難く，日本国籍の取得に関して上記の区別を設けることの合理性を我が国社会との結び付きの程度という観点から説明することは困難である。また，父母両系血統主義を採用する国籍法の下で，日本国民である母の非嫡出子が出生により日本国籍を取得するにもかかわらず，日本国民である父から出生後に認知されたにとどまる非嫡出子が届出による日本国籍の取得すら認められないことには，両性の平等という観点からみてその基本的立場に沿わないところがある……。」「国籍法が，同じく日本国民との間に法律上の親子関係を生じた子であるにもかかわらず，上記のような非嫡出子についてのみ，父母の婚姻という，子にはどうすることもできない父母の身分行為が行われない限り，生来的にも届出によっても日本国籍の取得を認めないとしている点は，今日においては，立法府に与えられた裁量権を考慮しても，我が国との密接な結び付きを有する者に限り日本国籍を付与するという立法目的との合理的関連性の認められる範囲を著しく超える手段を採用しているものというほかなく，その結果，不合理な差別を生じさせている……。」「本件区別については，これを生じさせた立法目的自体に合理的な根拠は認められるものの，立法目的との間における合理的関連性は，我が国の内外における社会的環境の変化等によって失われており，今日において，国籍法３条１項の規定は，日本国籍の取得につき合理性を欠いた過剰な要件を課するものとなっている……。しかも，本件区別については，前記……で説示した他の区別も存在しており，日本国民である父から出生後に認知されたにとどまる非嫡出子に対して，日本国籍の取得において著しく不利益な差別的取扱いを生じさせているといわざるを得ず，国籍取得の要件を定めるに当たって立法府に与えられた裁量権を考慮しても，この結果について，上記の立法目的との間において合理的関連性があるものということはもはやできない。」

> 国籍法3条1項の規定による区別による違憲の状態を前提としてXに日本国籍の取得を認めることの可否について，文章中の空欄を埋めなさい。

「以上のとおり，国籍法3条1項の規定が本件区別を生じさせていることは，遅くとも上記時点以降において憲法14条1項に違反するといわざるを得ないが，国籍法3条1項が日本国籍の取得について過剰な要件を課したことにより本件区別が生じたからといって，本件区別による違憲の状態を解消するために同項の規定自体を全部無効として，準正のあった子（以下，「準正子」という。）の届出による日本国籍の取得をもすべて否定することは，血統主義を補完するために出生後の国籍取得の制度を設けた同法の趣旨を没却するものであり，立法者の合理的意思として想定し難いものであって，採り得ない解釈である……。そうすると，準正子について届出による日本国籍の取得を認める同項の存在を前提として，本件区別により不合理な差別的取扱いを受けている者の救済を図り，本件区別による違憲の状態を是正する必要がある……。」「このような見地に立って是正の方法を検討すると，憲法14条1項に基づく平等取扱いの要請と国籍法の採用した基本的な原則である父母両系血統主義とを踏まえれば，日本国民である父と日本国民でない母との間に出生し，父から出生後に認知されたにとどまる子についても，血統主義を基調として出生後における日本国籍の取得を認めた同法3条1項の規定の趣旨・内容を等しく及ぼすほかはない。すなわち，このような子についても，父母の婚姻により嫡出子たる身分を取得したことという部分を除いた同項所定の要件が満たされる場合に，届出により日本国籍を取得することが認められるものとすることによって，同項及び同法の合憲的で合理的な解釈が可能となるものということができ，この解釈は，本件区別による不合理な差別的取扱いを受けている者に対して直接的な救済のみちを開くという観点からも，相当性を有する……。」「そして，上記の解釈は，本件区別に係る違憲の瑕疵を是正するため，国籍法3条1項につき，同項を全体として無効とすることなく，過剰な要件を設けることにより本件区別を生じさせている部分のみを除いて合理的に解釈したものであって，その結果も，準正子と同様の要件による日本国籍の取得を認めるにとどまる……。」

□ ／ □ ／ □ ／

最大判平27.12.16 再婚禁止期間（新判例）

　女性の再婚禁止期間を定める民法733条の違憲性について，文章中の空欄を埋めなさい。

　「……婚姻及び家族に関する事項は，国の伝統や国民感情を含めた社会状況における種々の要因を踏まえつつ，それぞれの時代における夫婦や親子関係についての全体の規律を見据えた総合的な判断を行うことによって定められるべきものである。したがって，その内容の詳細については，憲法が一義的に定めるのではなく，法律によってこれを具体化することがふさわしいものと考えられる。憲法24条2項は，このような観点から，婚姻及び家族に関する事項について，具体的な制度の構築を第一次的には国会の合理的な立法裁量に委ねるとともに，その立法に当たっては，個人の尊厳と両性の本質的平等に立脚すべきであるとする要請，指針を示すことによって，その裁量の限界を画したものといえる。また，同条1項は，『婚姻は，両性の合意のみに基いて成立し，夫婦が同等の権利を有することを基本として，相互の協力により，維持されなければならない。』と規定しており，婚姻をするかどうか，いつ誰と婚姻をするかについては，当事者間の自由かつ平等な意思決定に委ねられるべきであるという趣旨を明らかにしたものと解される。婚姻は，これにより，配偶者の相続権（民法890条）や夫婦間の子が嫡出子となること（同法772条1項等）などの重要な法律上の効果が与えられるものとされているほか，近年家族等に関する国民の意識の多様化が指摘されつつも，国民の中にはなお法律婚を尊重する意識が幅広く浸透していると考えられることをも併せ考慮すると，上記のような婚姻をするについての自由は，憲法24条1項の規定の趣旨に照らし，十分尊重に値するものと解することができる。そうすると，婚姻制度に関わる立法として，婚姻に対する直接的な制約を課すことが内容となっている本件規定については，その合理的な根拠の有無について以上のような事柄の性質を十分考慮に入れた上で検討をすることが必要である。そこで，本件においては，上記の考え方に基づき，本件規定が再婚をする際の要件に関し男女の区別をしていることにつき，そのような区別をすることの立法目的に合理的な根拠があり，かつ，その区別の具体的内容が上記の立法目的との関連において合理性を有するものであるかどうかという観点から憲法適合性の審査を行うのが相当である。以下，このような観点から検討する。」「本件規定の立法目的は，女性の再婚後に生まれた子につき父性の推定の重複を回避し，もって父子関係をめぐる紛争の発生を未然に防ぐことにあると解するのが相当であり（最高裁平成……7年12月5日……判決……参照），父子関係が早期に明確となること

の重要性に鑑みると，このような立法目的には合理性を認めることができる。」
「……，本件規定のうち100日超過部分については，民法772条の定める父性の
推定の重複を回避するために必要な期間ということはできない。」「医療や科学技
術が発達した今日においては，上記のような各観点（注：父子関係を確定するた
めの医療や科学技術も未発達であった状況の下において，再婚後に前夫の子が生
まれる可能性をできるだけ少なくして家庭の不和を避けるという観点や，再婚後
に生まれる子の父子関係が争われる事態を減らすことによって，父性の判定を誤
り血統に混乱が生ずることを避けるという観点）から，再婚禁止期間を厳密に父
性の推定が重複することを回避するための期間に限定せず，一定の期間の幅を設
けることを正当化することは困難になったといわざるを得ない。」「加えて，昭和
22年民法改正以降，我が国においては，社会状況及び経済状況の変化に伴い婚
姻及び家族の実態が変化し，特に平成期に入った後においては，晩婚化が進む一
方で，離婚件数及び再婚件数が増加するなど，再婚をすることについての制約を
できる限り少なくするという要請が高まっている事情も認めることができる。ま
た，かつては再婚禁止期間を定めていた諸外国が徐々にこれを廃止する立法をす
る傾向にあ」。「婚姻をするについての自由が憲法24条1項の規定の趣旨に照
らし十分尊重されるべきものであることや妻が婚姻前から懐胎していた子を産む
ことは再婚の場合に限られないことをも考慮すれば，再婚の場合に限って，前夫
の子が生まれる可能性をできるだけ少なくして家庭の不和を避けるという観点
や，婚姻後に生まれる子の父子関係が争われる事態を減らすことによって，父性
の判定を誤り血統に混乱が生ずることを避けるという観点から，厳密に父性の推
定が重複することを回避するための期間を超えて婚姻を禁止する期間を設けるこ
とを正当化することは困難である。他にこれを正当化し得る根拠を見いだすこと
もできないことからすれば，本件規定のうち100日超過部分は合理性を欠いた過
剰な制約を課すものとなっているというべきである。」「本件規定のうち100日超
過部分が憲法24条2項にいう両性の本質的平等に立脚したものでなくなってい
たことも明らかであり，……同部分は，憲法14条1項に違反する……，憲法24
条2項にも違反する……というべきである。」

□　／　□　／　□　／

最大決平25.9.4　嫡出子と非嫡出子（新判例）

非嫡出子の相続分を嫡出子の相続分の2分の1とする民法900条4号ただし書きの違憲性について，文章中の空欄を埋めなさい。

「相続制度は，被相続人の財産を誰に，どのように承継させるかを定めるものであるが，相続制度を定めるに当たっては，それぞれの国の伝統，社会事情，国民感情なども考慮されなければならない。さらに，現在の相続制度は，家族というものをどのように考えるかということと密接に関係しているのであって，その国における婚姻ないし親子関係に対する規律，国民の意識等を離れてこれを定めることはできない。これらを総合的に考慮した上で，相続制度をどのように定めるかは，立法府の合理的な裁量判断に委ねられているものというべきである。この事件で問われているのは，このようにして定められた相続制度全体のうち，本件規定により嫡出子と嫡出でない子との間で生ずる法定相続分に関する区別が，合理的理由のない差別的取扱いに当たるか否かということであり，立法府に与えられた上記のような裁量権を考慮しても，そのような区別をすることに合理的な根拠が認められない場合には，当該区別は，憲法14条1項に違反するものと解するのが相当である。」

「……最高裁平成……7年7月5日……決定……（以下「平成7年大法廷決定」という。）は，本件規定を含む法定相続分の定めが，法定相続分のとおりに相続が行われなければならないことを定めたものではなく，遺言による相続分の指定等がない場合などにおいて補充的に機能する規定であることをも考慮事情とした上，……嫡出でない子の法定相続分を嫡出子のそれの2分の1と定めた本件規定につき，『民法が法律婚主義を採用している以上，法定相続分は婚姻関係にある配偶者とその子を優遇してこれを定めるが，他方，非嫡出子にも一定の法定相続分を認めてその保護を図ったものである』とし，その定めが立法府に与えられた合理的な裁量判断の限界を超えたものということはできないのであって，憲法14条1項に反するものとはいえないと判断した。」

「しかし，法律婚主義の下においても，嫡出子と嫡出でない子の法定相続分をどのように定めるかということについては，前記……［の］事柄を総合的に考慮して決せられるべきものであり，また，これらの事柄は時代と共に変遷するものでもあるから，その定めの合理性については，個人の尊厳と法の下の平等を定める憲法に照らして不断に検討され，吟味されなければならない。」

「当裁判所は，平成7年大法廷決定以来，結論としては本件規定を合憲とする判断を示してきたものであるが，平成7年大法廷決定において既に，嫡出でない

子の立場を重視すべきであるとして5名の裁判官が反対意見を述べたほかに，婚姻，親子ないし家族形態とこれに対する国民の意識の変化，更には国際的環境の変化を指摘して，昭和22年民法改正当時の合理性が失われつつあるとの補足意見が述べられ，その後の小法廷判決及び小法廷決定においても，同旨の個別意見が繰り返し述べられてきた……。」

「なお，……平成7年大法廷決定においては，本件規定を含む法定相続分の定めが遺言による相続分の指定等がない場合などにおいて補充的に機能する規定であることをも考慮事情としている。しかし，本件規定の補充性からすれば，嫡出子と嫡出でない子の法定相続分を平等とすることも何ら不合理ではないといえる上，遺言によっても侵害し得ない遺留分については本件規定は明確な法律上の差別というべきであるとともに，本件規定の存在自体がその出生時から嫡出でない子に対する差別意識を生じさせかねないことをも考慮すれば，本件規定が上記のように補充的に機能する規定であることは，その合理性判断において重要性を有しないというべきである。」

「昭和22年民法改正時から現在に至るまでの間の社会の動向，我が国における家族形態の多様化やこれに伴う国民の意識の変化，諸外国の立法のすう勢及び我が国が批准した条約の内容とこれに基づき設置された委員会からの指摘，嫡出子と嫡出でない子の区別に関わる法制等の変化，更にはこれまでの当審判例における度重なる問題の指摘等を総合的に考察すれば，家族という共同体の中における個人の尊重がより明確に認識されてきたことは明らかであるといえる。そして，法律婚という制度自体は我が国に定着しているとしても，上記のような認識の変化に伴い，上記制度の下で父母が婚姻関係になかったという，子にとっては自ら選択ないし修正する余地のない事柄を理由としてその子に不利益を及ぼすことは許されず，子を個人として尊重し，その権利を保障すべきであるという考えが確立されてきているものということができる。」

「以上を総合すれば，遅くともAの相続が開始した平成13年7月当時においては，立法府の裁量権を考慮しても，嫡出子と嫡出でない子の法定相続分を区別する合理的な根拠は失われていたというべきである。」「したがって，本件規定は，遅くとも平成13年7月当時において，憲法14条1項に違反していたものというべきである。」

本決定の先例としての事実上の拘束力について，文章中の空欄を埋めなさい。

　「本決定は，本件規定が遅くとも平成13年7月当時において憲法14条1項に違反していたと判断するものであり，平成7年大法廷決定［等］が，それより前に相続が開始した事件についてその相続開始時点での本件規定の合憲性を肯定した判断を変更するものではない。

　他方，憲法に違反する法律は原則として無効であり，その法律に基づいてされた行為の効力も否定されるべきものであることからすると，本件規定は，本決定により遅くとも平成13年7月当時において憲法14条1項に違反していたと判断される以上，本決定の先例としての事実上の拘束性により，上記当時以降は無効であることとなり，また，本件規定に基づいてされた裁判や合意の効力等も否定されることになろう。しかしながら，……既に行われた遺産の分割等の効力にも影響し，いわば解決済みの事案にも効果が及ぶとすることは，著しく法的安定性を害することになる。」

　「以上の観点からすると，既に関係者間において裁判，合意等により確定的なものとなったといえる法律関係までをも現時点で覆すことは相当ではないが，関係者間の法律関係がそのような段階に至っていない事案であれば，本決定により違憲無効とされた本件規定の適用を排除した上で法律関係を確定的なものとするのが相当であるといえる。」

　「したがって，本決定の違憲判断は，Aの相続の開始時から本決定までの間に開始された他の相続につき，本件規定を前提としてされた遺産の分割の審判その他の裁判，遺産の分割の協議その他の合意等により確定的なものとなった法律関係に影響を及ぼすものではないと解するのが相当である。」

□　／　　□　／　　□　／

最大判平27.12.16　夫婦別姓

夫婦を同氏とする民法750条が憲法13条に違反するかについて，文章中の空欄を埋めなさい。

「氏名は，社会的にみれば，個人を他人から識別し特定する機能を有するものであるが，同時に，その個人からみれば，人が個人として尊重される基礎であり，その個人の人格の象徴であって，人格権の一内容を構成するものというべきである（最高裁昭和……63年2月16日……判決……参照）。」

「しかし，氏は，婚姻及び家族に関する法制度の一部として法律がその具体的な内容を規律しているものであるから，氏に関する上記人格権の内容も，憲法上一義的に捉えられるべきものではなく，憲法の趣旨を踏まえつつ定められる法制度をまって初めて具体的に捉えられるものである。

したがって，具体的な法制度を離れて，氏が変更されること自体を捉えて直ちに人格権を侵害し，違憲であるか否かを論ずることは相当ではない。」

民法における氏に関する規定は，「氏の性質に関し，氏に，名と同様に個人の呼称としての意義があるものの，名とは切り離された存在として，夫婦及びその間の未婚の子や養親子が同一の氏を称するとすることにより，社会の構成要素である家族の呼称としての意義があるとの理解を示しているものといえる。そして，家族は社会の自然かつ基礎的な集団単位であるから，このように個人の呼称の一部である氏をその個人の属する集団を想起させるものとして一つに定めることにも合理性があるといえる。」

「氏に，名とは切り離された存在として社会の構成要素である家族の呼称としての意義があることからすれば，氏が，親子関係など一定の身分関係を反映し，婚姻を含めた身分関係の変動に伴って改められることがあり得ることは，その性質上予定されているといえる。」

「以上のような現行の法制度の下における氏の性質等に鑑みると，婚姻の際に『氏の変更を強制されない自由』が憲法上の権利として保障される人格権の一内容であるとはいえない。本件規定は，憲法13条に違反するものではない。」

「もっとも，上記のように，氏が，名とあいまって，個人を他人から識別し特定する機能を有するほか，人が個人として尊重される基礎であり，その個人の人格を一体として示すものでもあることから，氏を改める者にとって，そのことによりいわゆるアイデンティティの喪失感を抱いたり，従前の氏を使用する中で形成されてきた他人から識別し特定される機能が阻害される不利益や，個人の信用，評価，名誉感情等にも影響が及ぶという不利益が生じたりすることがあることは

否定できず，特に，近年，晩婚化が進み，婚姻前の氏を使用する中で社会的な地位や業績が築かれる期間が長くなっていることから，婚姻に伴い氏を改めることにより不利益を被る者が増加してきていることは容易にうかがえるところである。

　　これらの婚姻前に築いた個人の信用，評価，名誉感情等を婚姻後も維持する利益等は，憲法上の権利として保障される人格権の一内容であるとまではいえないものの，後記のとおり，氏を含めた婚姻及び家族に関する法制度の在り方を検討するに当たって考慮すべき人格的利益であるとはいえるのであり，憲法24条の認める立法裁量の範囲を超えるものであるか否かの検討に当たって考慮すべき事項であると考えられる。」

　　夫婦を同氏とする民法750条が憲法14条１項に違反するかについて，文章中の空欄を埋めなさい。

　　「憲法14条１項は，法の下の平等を定めており，この規定が，事柄の性質に応じた合理的な根拠に基づくものでない限り，法的な差別的取扱いを禁止する趣旨のものであると解すべきことは，当裁判所の判例とするところである（最高裁昭和……同39年５月27日大法廷判決……，最高裁昭和……48年４月４日大法廷判決……等）。

　　そこで検討すると，本件規定は，夫婦が夫又は妻の氏を称するものとしており，夫婦がいずれの氏を称するかを夫婦となろうとする者の間の協議に委ねているのであって，その文言上性別に基づく法的な差別的取扱いを定めているわけではなく，本件規定の定める夫婦同氏制それ自体に男女間の形式的な不平等が存在するわけではない。我が国において，夫婦となろうとする者の間の個々の協議の結果として夫の氏を選択する夫婦が圧倒的多数を占めることが認められるとしても，それが，本件規定の在り方自体から生じた結果であるということはできない。

　　したがって，本件規定は，憲法14条１項に違反するものではない。」

　　「もっとも，氏の選択に関し，これまでは夫の氏を選択する夫婦が圧倒的多数を占めている状況にあることに鑑みると，この現状が，夫婦となろうとする者双方の真に自由な選択の結果によるものかについて留意が求められるところであり，仮に，社会に存する差別的な意識や慣習による影響があるのであれば，その影響を排除して夫婦間に実質的な平等が保たれるように図ることは，憲法14条１項の趣旨に沿うものであるといえる。そして，この点は，氏を含めた婚姻及び家族に関する法制度の在り方を検討するに当たって考慮すべき事項の一つというべきであり，後記の憲法24条の認める立法裁量の範囲を超えるものであるか否かの検討に当たっても留意すべきものと考えられる。」

夫婦を同氏とする民法750条が憲法24条に違反するかについて，文章中の空欄を
埋めなさい。

「憲法24条は，1項において『婚姻は，両性の合意のみに基いて成立し，夫婦
が同等の権利を有することを基本として，相互の協力により，維持されなければ
ならない。』と規定しているところ，これは，婚姻をするかどうか，いつ誰と婚
姻をするかについては，当事者間の自由かつ平等な意思決定に委ねられるべきで
あるという趣旨を明らかにしたものと解される。

本件規定は，婚姻の効力の一つとして夫婦が夫又は妻の氏を称することを定め
たものであり，婚姻をすることについての直接の制約を定めたものではない。仮
に，婚姻及び家族に関する法制度の内容に意に沿わないところがあることを理由
として婚姻をしないことを選択した者がいるとしても，これをもって，直ちに上
記法制度を定めた法律が婚姻をすることについて憲法24条1項の趣旨に沿わな
い制約を課したものと評価することはできない。ある法制度の内容により婚姻を
することが事実上制約されることになっていることについては，婚姻及び家族に
関する法制度の内容を定めるに当たっての国会の立法裁量の範囲を超えるもので
あるか否かの検討に当たって考慮すべき事項であると考えられる。」

「婚姻及び家族に関する事項は，関連する法制度においてその具体的内容が定
められていくものであることから，当該法制度の制度設計が重要な意味を持つも
のであるところ，憲法24条2項は，具体的な制度の構築を第一次的には国会の
合理的な立法裁量に委ねるとともに，その立法に当たっては，同条1項も前提と
しつつ，個人の尊厳と両性の本質的平等に立脚すべきであるとする要請，指針を
示すことによって，その裁量の限界を画したものといえる。

そして，憲法24条が，本質的に様々な要素を検討して行われるべき立法作用
に対してあえて立法上の要請，指針を明示していることからすると，その要請，
指針は，単に，憲法上の権利として保障される人格権を不当に侵害するものでな
く，かつ，両性の形式的な平等が保たれた内容の法律が制定されればそれで足り
るというものではないのであって，憲法上直接保障された権利とまではいえない
人格的利益をも尊重すべきこと，両性の実質的な平等が保たれるように図ること，
婚姻制度の内容により婚姻をすることが事実上不当に制約されることのないよう
に図ること等についても十分に配慮した法律の制定を求めるものであり，この点
でも立法裁量に限定的な指針を与えるものといえる。」

「他方で，婚姻及び家族に関する事項は，国の伝統や国民感情を含めた社会状
況における種々の要因を踏まえつつ，それぞれの時代における夫婦や親子関係に
ついての全体の規律を見据えた総合的な判断によって定められるべきものであ
る。特に，憲法上直接保障された権利とまではいえない人格的利益や実質的平等
は，その内容として多様なものが考えられ，それらの実現の在り方は，その時々

における社会的条件，国民生活の状況，家族の在り方等との関係において決められるべきものである。

　そうすると，憲法上の権利として保障される人格権を不当に侵害して憲法13条に違反する立法措置や不合理な差別を定めて憲法14条1項に違反する立法措置を講じてはならないことは当然であるとはいえ，憲法24条の要請，指針に応えて具体的にどのような立法措置を講ずるかの選択決定が……国会の多方面にわたる検討と判断に委ねられているものであることからすれば，婚姻及び家族に関する法制度を定めた法律の規定が憲法13条，14条1項に違反しない場合に，更に憲法24条にも適合するものとして是認されるか否かは，当該法制度の趣旨や同制度を採用することにより生ずる影響につき検討し，当該規定が個人の尊厳と両性の本質的平等の要請に照らして合理性を欠き，国会の立法裁量の範囲を超えるものとみざるを得ないような場合に当たるか否かという観点から判断すべきものとするのが相当である。」

　「婚姻に伴い夫婦が同一の氏を称する夫婦同氏制は，旧民法……の施行された明治31年に我が国の法制度として採用され，我が国の社会に定着してきたものである。前記のとおり，氏は，家族の呼称としての意義があるところ，現行の民法の下においても，家族は社会の自然かつ基礎的な集団単位と捉えられ，その呼称を一つに定めることには合理性が認められる。

　そして，夫婦が同一の氏を称することは，上記の家族という一つの集団を構成する一員であることを，対外的に公示し，識別する機能を有している。特に，婚姻の重要な効果として夫婦間の子が夫婦の共同親権に服する嫡出子となるということがあるところ，嫡出子であることを示すために子が両親双方と同氏である仕組みを確保することにも一定の意義があると考えられる。また，家族を構成する個人が，同一の氏を称することにより家族という一つの集団を構成する一員であることを実感することに意義を見いだす考え方も理解できるところである。さらに，夫婦同氏制の下においては，子の立場として，いずれの親とも等しく氏を同じくすることによる利益を享受しやすいといえる。

　加えて，前記のとおり，本件規定の定める夫婦同氏制それ自体に男女間の形式的な不平等が存在するわけではなく，夫婦がいずれの氏を称するかは，夫婦となろうとする者の間の協議による自由な選択に委ねられている。」

　「これに対して，夫婦同氏制の下においては，婚姻に伴い，夫婦となろうとする者の一方は必ず氏を改めることになるところ，婚姻によって氏を改める者にとって，そのことによりいわゆるアイデンティティの喪失感を抱いたり，婚姻前の氏を使用する中で形成してきた個人の社会的な信用，評価，名誉感情等を維持することが困難になったりするなどの不利益を受ける場合があることは否定できない。そして，氏の選択に関し，夫の氏を選択する夫婦が圧倒的多数を占めている

現状からすれば，妻となる女性が上記の不利益を受ける場合が多い状況が生じているものと推認できる。さらには，夫婦となろうとする者のいずれかがこれらの不利益を受けることを避けるために，あえて婚姻をしないという選択をする者が存在することもうかがわれる。

　しかし，夫婦同氏制は，婚姻前の氏を通称として使用することまで許さないというものではなく，近時，婚姻前の氏を通称として使用することが社会的に広まっているところ，上記の不利益は，このような氏の通称使用が広まることにより一定程度は緩和され得るものである。」

　「以上の点を総合的に考慮すると，本件規定の採用した夫婦同氏制が，夫婦が別の氏を称することを認めないものであるとしても，上記のような状況の下で直ちに個人の尊厳と両性の本質的平等の要請に照らして合理性を欠く制度であるとは認めることはできない。したがって，本件規定は，憲法24条に違反するものではない。」

□　／　□　／　□　／

最大判昭31.7.4　謝罪広告事件

名誉棄損表現を行った者に対して，新聞紙上に謝罪広告を掲載することを命ずる裁判が憲法19条に違反するかについて，文章中の空欄を埋めなさい。

「憲法21条は言論の自由を無制限に保障しているものではない。そして本件において，原審の認定したような他人の行為に関して無根の事実を公表し，その名誉を毀損することは言論の自由の乱用であって，たとえ，衆議院議員選挙の際，候補者が政見発表等の機会において，かつて公職にあった者を批判するためになしたものであったとしても，これを以て憲法の保障する言論の自由の範囲内に属すると認めることはできない。」

「民法723条にいわゆる『他人の名誉を毀損した者に対して被害者の名誉を回復するに適当な処分』として謝罪広告を新聞紙等に掲載すべきことを加害者に命ずることは，従来学説判例の肯認するところであり，また謝罪広告を新聞紙等に掲載することは我国民生活の実際においても行われている…。尤も謝罪広告を命ずる判決にもその内容上，これを新聞紙に掲載することが謝罪者の意思決定に委ねるを相当とし，これを命ずる場合の執行も債務者の意思のみに係る不代替作為として民訴734条（注：現民事執行法172条）に基き間接強制によるを相当とするものもあるべく，時にはこれを強制することが債務者の人格を無視し著しくその名誉を毀損し意思決定の自由乃至良心の自由を不当に制限することとなり，いわゆる強制執行に適さない場合に該当することもありうるであろうけれど，単に事態の真相を告白し陳謝の意を表明するに止まる程度のものにあっては，これが強制執行も代替作為として民訴733条（注：現民事執行法171条）の手続によることを得るものといわなければならない。……Xの本訴請求は，Yが判示日時に判示放送，又は新聞紙において公表した客観的事実につきY名義を以てXに宛て『右放送及記事は真相に相違しており，貴下の名誉を傷け御迷惑をおかけいたしました。ここに陳謝の意を表します』なる内容のもので，結局Yをして右公表事実が虚偽且つ不当であったことを広報機関を通じて発表すべきことを求めるに帰する。されば少くともこの種の謝罪広告を新聞紙に掲載すべきことを命ずる原判決は，Yに屈辱的若くは苦役的労苦を科し，又はYの有する倫理的な意思，良心の自由を侵害することを要求するものとは解せられない……。」

□＿／＿ □＿／＿ □＿／＿

最判昭63.7.15　麹町中学内申書事件

内申書に大学生ML派の集会に参加している旨の記載等をした行為が憲法19条に反するかについて，文章中の空欄を埋めなさい。

「本件調査書の備考欄及び特記事項欄にはおおむね『校内において麹町中全共闘を名乗り，機関紙『砦』を発行した。学校文化祭の際，文化祭粉砕を叫んで他校生徒と共に校内に乱入し，ビラまきを行った。大学生ML派の集会に参加している。学校側の指導説得をきかないで，ビラを配ったり，落書をした。』との記載が，欠席の主な理由欄には『風邪，発熱，集会又はデモに参加して疲労のため』という趣旨の記載がされていたというのであるが，右のいずれの記載も，<u>Xの思想，信条そのものを記載したものでないことは明らかであり，右の記載に係る外部的行為によってはXの思想，信条を了知し得るものではないし，また，Xの思想，信条自体を高等学校の入学者選抜の資料に供したものとは到底解することができない</u>……。」

最判平 23.5.30　君が代起立斉唱事件

　都立高等学校の校長が，教諭として勤務していた者に対し，卒業式の際に国旗に向かって起立し国家を斉唱することを命ずる職務命令が憲法 19 条に違反するかについて，文章中の空欄を埋めなさい。

　「X は，卒業式における国歌斉唱の際の起立斉唱行為を拒否する理由について，日本の侵略戦争の歴史を学ぶ在日朝鮮人，在日中国人の生徒に対し，『日の丸』や『君が代』を卒業式に組み入れて強制することは，教師としての良心が許さないという考えを有している旨主張する。このような考えは，『日の丸』や『君が代』が戦前の軍国主義等との関係で一定の役割を果たしたとする X 自身の歴史観ないし世界観から生ずる社会生活上ないし教育上の信念等ということができる。」

　「しかしながら，本件職務命令当時，公立高等学校における卒業式等の式典において，国旗としての『日の丸』の掲揚及び国歌としての『君が代』の斉唱が広く行われていたことは周知の事実であって，学校の儀式的行事である卒業式等の式典における国歌斉唱の際の起立斉唱行為は，一般的，客観的に見て，これらの式典における慣例上の儀礼的な所作としての性質を有するものであり，かつ，そのような所作として外部からも認識されるものというべきである。したがって，上記の起立斉唱行為は，その性質の点から見て，X の有する歴史観ないし世界観を否定することと不可分に結び付くものとはいえず，X に対して上記の起立斉唱行為を求める本件職務命令は，上記の歴史観ないし世界観それ自体を否定するものということはできない。また，上記の起立斉唱行為は，その外部からの認識という点から見ても，特定の思想又はこれに反する思想の表明として外部から認識されるものと評価することは困難であり，職務上の命令に従ってこのような行為が行われる場合には，上記のように評価することは一層困難であるといえるのであって，本件職務命令は，特定の思想を持つことを強制したり，これに反する思想を持つことを禁止したりするものではなく，特定の思想の有無について告白することを強要するものということもできない。そうすると，本件職務命令は，これらの観点において，個人の思想及び良心の自由を直ちに制約するものと認めることはできない……。」

　「もっとも，上記の起立斉唱行為は，教員が日常担当する教科等や日常従事する事務の内容それ自体には含まれないものであって，一般的，客観的に見ても，国旗及び国歌に対する敬意の表明の要素を含む行為である……。そうすると，自らの歴史観ないし世界観との関係で否定的な評価の対象となる『日の丸』や『君が代』に対して敬意を表明することには応じ難いと考える者が，これらに対する

敬意の表明の要素を含む行為を求められることは，その行為が個人の歴史観ない
し世界観に反する特定の思想の表明に係る行為そのものではないとはいえ，個人
の歴史観ないし世界観に由来する行動（敬意の表明の拒否）と異なる外部的行為
（敬意の表明の要素を含む行為）を求められることとなり，その限りにおいて，
その者の思想及び良心の自由についての間接的な制約となる面があることは否定
し難い。」

「そこで，このような間接的な制約について検討するに，個人の歴史観ないし
世界観には多種多様なものがあり得るのであり，それが内心にとどまらず，それ
に由来する行動の実行又は拒否という外部的行動として現れ，当該外部的行動が
社会一般の規範等と抵触する場面において制限を受けることがあるところ，その
制限が必要かつ合理的なものである場合には，その制限を介して生ずる上記の間
接的な制約も許容され得るものというべきである。

そして，職務命令においてある行為を求められることが，個人の歴史観ないし
世界観に由来する行動と異なる外部的行為を求められることとなり，その限りに
おいて，当該職務命令が個人の思想及び良心の自由についての間接的な制約とな
る面があると判断される場合にも，職務命令の目的及び内容には種々のものが想
定され，また，上記の制限を介して生ずる制約の態様等も，職務命令の対象とな
る行為の内容及び性質並びにこれが個人の内心に及ぼす影響その他の諸事情に応
じて様々であるといえる。したがって，このような間接的な制約が許容されるか
否かは，職務命令の目的及び内容並びに上記の制限を介して生ずる制約の態様等
を総合的に較量して，当該職務命令に上記の制約を許容し得る程度の必要性及び
合理性が認められるか否かという観点から判断するのが相当である。」

「これを本件についてみるに，本件職務命令に係る起立斉唱行為は，前記のと
おり，Xの歴史観ないし世界観との関係で否定的な評価の対象となるものに対す
る敬意の表明の要素を含むものであることから，そのような敬意の表明には応じ
難いと考えるXにとって，その歴史観ないし世界観に由来する行動（敬意の表明
の拒否）と異なる外部的行為となるものである。この点に照らすと，本件職務命
令は，一般的，客観的な見地からは式典における慣例上の儀礼的な所作とされる
行為を求めるものであり，それが結果として上記の要素との関係においてその歴
史観ないし世界観に由来する行動との相違を生じさせることとなるという点で，
その限りでXの思想及び良心の自由についての間接的な制約となる面があるもの
ということができる。」

「他方，学校の卒業式や入学式等という教育上の特に重要な節目となる儀式的
行事においては，生徒等への配慮を含め，教育上の行事にふさわしい秩序を確保
して式典の円滑な進行を図ることが必要であるといえる。法令等においても，学
校教育法は，高等学校教育の目標として国家の現状と伝統についての正しい理解

と国際協調の精神の涵養を掲げ……高等学校学習指導要領も，学校の儀式的行事の意義を踏まえて国旗国歌条項を定めているところであり，また，国旗及び国歌に関する法律は，従来の慣習を法文化して，国旗は日章旗（『日の丸』）とし，国歌は『君が代』とする旨を定めている。

　そして，住民全体の奉仕者として法令等及び上司の職務上の命令に従って職務を遂行すべきこととされる地方公務員の地位の性質及びその職務の公共性（憲法15条2項……）に鑑み，公立高等学校の教諭であるXは，法令等及び職務上の命令に従わなければならない立場にあるところ，地方公務員法に基づき，高等学校学習指導要領に沿った式典の実施の指針を示した本件通達を踏まえて，その勤務する当該学校の校長から学校行事である卒業式に関して本件職務命令を受けたものである。これらの点に照らすと，本件職務命令は，公立高等学校の教諭であるXに対して当該学校の卒業式という式典における慣例上の儀礼的な所作として国歌斉唱の際の起立斉唱行為を求めることを内容とするものであって，高等学校教育の目標や卒業式等の儀式的行事の意義，在り方等を定めた関係法令等の諸規定の趣旨に沿い，かつ，地方公務員の地位の性質及びその職務の公共性を踏まえた上で，生徒等への配慮を含め，教育上の行事にふさわしい秩序の確保とともに当該式典の円滑な進行を図るものである……。」

　「以上の諸事情を踏まえると，本件職務命令については，前記のように外部的行動の制限を介してXの思想及び良心の自由についての間接的な制約となる面はあるものの，職務命令の目的及び内容並びに上記の制限を介して生ずる制約の態様等を総合的に較量すれば，上記の制約を許容し得る程度の必要性及び合理性が認められる……。」

　「以上の諸点に鑑みると，本件職務命令は，Xの思想及び良心の自由を侵すものとして憲法19条に違反するとはいえない……。」

□　／　　□　／　　□　／

最判平8.3.8　エホバの証人剣道受講拒否事件

エホバの証人である学生が，信仰上の理由で剣道実技の履修を拒否したところ，これを理由として原級留置処分を経て退学処分を受けた行為の適法性について，文章中の空欄を埋めなさい。

裁判所が学生の退学処分等の適否を審査するにあたっては，「校長の裁量権の行使としての処分が，……裁量権の範囲を超え又は裁量権を濫用してされたと認められる場合に限り，違法であると判断すべき」である。

「退学処分は学生の身分をはく奪する重大な措置であり，……その要件の認定につき他の処分の選択に比較して特に慎重な配慮を要する……（……昭和49年7月19日……判決（注：昭和女子大事件）参照）」「また，……その学生に与える不利益の大きさに照らして，原級留置処分の決定に当たっても，同様に慎重な配慮が要求される……。」

高専では，「剣道実技の履修が必須のものとまではいい難く，……教育目的の達成は他の体育種目の履修などの代替的方法によって……も性質上可能である」。

Xの剣道実技への参加拒否の理由はその「信仰の核心部分と密接に関連する真しなもので」あり，「Xは，信仰上の理由による剣道実技の履修拒否の結果として，他の科目では成績優秀であったにもかかわらず，原級留置，退学という事態に追い込まれたものというべきであり，その不利益が極めて大きい……。」原級留置処分・退学処分は，「その内容それ自体においてXに信仰上の教義に反する行動を命じたものではなく，その意味では，Xの信教の自由を直接的に制約するものとはいえないが，しかし，Xがそれらによる重大な不利益を避けるためには剣道実技の履修という自己の信仰上の教義に反する行動を採ることを余儀なくさせられるという性質を有するものであった」。

また，Xが「自由意思により，必修である体育科目の種目として剣道……を採用している学校を選択した」からといって，退学という「著しい不利益をXに与えることが当然に許容されるものでもない」。

信仰上の理由による格技の履修拒否に対して代替措置を採る学校も現にあり，多数の学生が信仰上の理由に仮託して履修を拒否しようとするとも考え難く，高専の学校全体の運営に重大な支障が生ずるなどのおそれも認められないから，「他の学生に不公平感を生じさせないような適切な方法，態様による代替措置」が実際上不可能であったとはいえない。

代替措置を採ることは，「その目的において宗教的意義を有し，特定の宗教を援助，助長，促進する効果を有するものということはできず，他の宗教者又は無

宗教者に圧迫，干渉を加える効果があるともいえない……。」

　「信仰上の理由による剣道実技の履修拒否を，正当な理由のない履修拒否と区別することなく，代替措置が不可能というわけでもないのに，代替措置について何ら検討もなく，……退学処分をしたという……措置は，……社会観念上著しく妥当を欠く処分をしたものと評するほかなく，本件各処分は，裁量権の範囲を超える違法なもの」である。

□＿／＿□＿／＿□＿／＿

最決平8.1.30　オウム真理教解散命令事件

　宗教法人法81条1項の解散命令と信教の自由について，文章中の空欄を埋めなさい。

　「法は，宗教団体が礼拝の施設その他の財産を所有してこれを維持運用するなどのために，宗教団体に法律上の能力を与えることを目的とし（法1条1項），宗教団体に法人格を付与し得ることとしている（法4条）。すなわち，法による宗教団体の規制は，専ら宗教団体の世俗的側面だけを対象とし，その精神的・宗教的側面を対象外としているのであって，信者が宗教上の行為を行うことなどの信教の自由に介入しようとするものではない（法1条2項参照）」。法81条1項1号ないし5号に掲げられた場合には，「宗教団体に法律上の能力を与えたままにしておくことが不適切あるいは不必要となるところから，司法手続によって宗教法人を強制的に解散し，その法人格を失わしめることが可能となるようにしたものであり，会社の解散命令……と同趣旨のものであると解される。」

　「解散命令によって宗教法人が解散しても，信者は，法人格を有しない宗教団体を存続させ，あるいは，これを新たに結成することが妨げられるわけではなく，また，宗教上の行為を行い，その用に供する施設や物品を新たに調えることが妨げられるわけでもない。……もっとも，宗教法人の解散命令が確定したときはその清算手続が行われ（法49条2項，51条），その結果，宗教法人に帰属する財産で礼拝施設その他の宗教上の行為の用に供していたものも処分されることになるから（法50条参照），これらの財産を用いて信者らが行っていた宗教上の行為を継続するのに何らかの支障を生ずることがあり得る。このように，宗教法人に関する法的規制が，信者の宗教上の行為を法的に制約する効果を伴わないとしても，これに何らかの支障を生じさせることがあるとするならば，憲法の保障する精神的自由の一つとしての信教の自由の重要性に思いを致し，憲法がそのような規制を許容するものであるかどうかを慎重に吟味しなければならない。」

　「本件解散命令について見ると，法81条に規定する宗教法人の解散命令の制度は，……専ら宗教法人の世俗的側面を対象とし，かつ，専ら世俗的目的によるものであって，宗教団体や信者の精神的・宗教的側面に容かいする意図によるものではなく，その制度の目的も合理的である……。そして，Yの代表役員であったA及びその指示を受けたYの多数の幹部は，大量殺人を目的として毒ガスであるサリンを大量に生成することを計画した上，多数の信者を動員し，Yの物的施設を利用し，Yの資金を投入して，計画的，組織的にサリンを生成した……のであるから，Yが，法令に違反して，著しく公共の福祉を害すると明らかに認められ，

宗教団体の目的を著しく逸脱した行為をしたことが明らかである。Yの右のような行為に対処するには，Yを解散し，その法人格を失わせることが必要かつ適切であり，他方，解散命令によって宗教団体であるYやその信者らが行う宗教上の行為に何らかの支障を生ずることが避けられないとしても，その支障は，解散命令に伴う間接的で事実上のものであるにとどまる。したがって，本件解散命令は，宗教団体であるYやその信者らの精神的・宗教的側面に及ぼす影響を考慮しても，Yの行為に対処するのに必要でやむを得ない法的規制である……。また，本件解散命令は，法81条の規定に基づき，裁判所の司法審査によって発せられたものであるから，その手続の適正も担保されている。」

　「宗教上の行為の自由は，もとより最大限に尊重すべきものであるが，絶対無制限のものではなく，以上の諸点にかんがみれば，本件解散命令及びこれに対する即時抗告を棄却した原決定は，憲法20条1項に違背するものではないというべきであり，このように解すべきことは，当裁判所の判例（最高裁昭和……38年5月15日……判決（注：加持祈祷事件判決）……）の趣旨に徴して明らかである。」

□___／___□___／___□___／___

最大判昭52.7.13　津地鎮祭事件

政教分離原則について，文章中の空欄を埋めなさい。

「憲法は，『信教の自由は，何人に対してもこれを保障する。』（20条1項前段）とし，また，『何人も，宗教上の行為，祝典，儀式又は行事に参加することを強制されない。』（同条2項）として，いわゆる狭義の信教の自由を保障する規定を設ける一方，『いかなる宗教団体も，国から特権を受け，又は政治上の権力を行使してはならない。』（同条1項後段），『国及びその機関は，宗教教育その他いかなる宗教的活動もしてはならない。』（同条3項）とし，更に『公金その他の公の財産は，宗教上の組織若しくは団体の使用，便益若しくは維持のため，……これを支出し，又はその利用に供してはならない。』（89条）として，いわゆる政教分離の原則に基づく諸規定（以下『政教分離規定』という。）を設けている。」

「一般に，政教分離原則とは，およそ宗教や信仰の問題は，もともと政治的次元を超えた個人の内心にかかわることがらであるから，世俗的権力である国家（地方公共団体を含む。以下同じ。）は，これを公権力の彼方におき，宗教そのものに干渉すべきではないとする，国家の非宗教性ないし宗教的中立性を意味するものとされている。」「憲法は，政教分離規定を設けるにあたり，国家と宗教との完全な分離を理想とし，国家の非宗教性ないし宗教的中立性を確保しようとしたもの……である。」

「しかしながら，元来，政教分離規定は，いわゆる制度的保障の規定であって，信教の自由そのものを直接保障するものではなく，国家と宗教との分離を制度として保障することにより，間接的に信教の自由の保障を確保しようとするものである。ところが，宗教は，信仰という個人の内心的な事象としての側面を有するにとどまらず，同時に極めて多方面にわたる外部的な社会事象としての側面を伴うのが常であって，この側面においては，教育，福祉，文化，民俗風習など広汎な場面で社会生活と接触することになり，そのことからくる当然の帰結として，国家が，社会生活に規制を加え，あるいは教育，福祉，文化などに関する助成，援助等の諸施策を実施するにあたって，宗教とのかかわり合いを生ずることを免れえないこととなる。したがって，現実の国家制度として，国家と宗教との完全な分離を実現することは，実際上不可能に近い……。……政教分離原則を完全に貫こうとすれば，かえって社会生活の各方面に不合理な事態を生ずることを免れないのであって，例えば，特定宗教と関係のある私立学校に対し一般の私立学校と同様な助成をしたり，文化財である神社，寺院の建築物や仏像等の維持保存のため国が宗教団体に補助金を支出したりすることも疑問とされるに至り，それが

許されないということになれば，そこには，宗教との関係があることによる不利益な取扱い，すなわち宗教による差別が生ずることになりかねず，また例えば，刑務所等における教誨活動も，それがなんらかの宗教的色彩を帯びる限り一切許されないということになれば，かえって受刑者の信教の自由は著しく制約される結果を招くことにもなりかねない……。」

「これらの点にかんがみると，政教分離規定の保障の対象となる国家と宗教との分離にもおのずから一定の限界があることを免れず，政教分離原則が現実の国家制度として具現される場合には，それぞれの国の社会的・文化的諸条件に照らし，国家は実際上宗教とある程度のかかわり合いをもたざるをえないことを前提としたうえで，そのかかわり合いが，信教の自由の保障の確保という制度の根本目的との関係で，いかなる場合にいかなる限度で許されないこととなるかが，問題とならざるをえない……。」

「政教分離原則は，国家が宗教的に中立であることを要求するものではあるが，国家が宗教とのかかわり合いをもつことを全く許さないとするものではなく，宗教とのかかわり合いをもたらす行為の目的及び効果にかんがみ，そのかかわり合いが右の諸条件に照らし相当とされる限度を超えるものと認められる場合にこれを許さないとするものである……。」

憲法20条3項により禁止される宗教的活動について，文章中の空欄を埋めなさい。

「憲法20条3項は，『国及びその機関は，宗教教育その他いかなる宗教的活動もしてはならない。』と規定するが，ここにいう宗教的活動とは，前述の政教分離原則の意義に照らしてこれをみれば，およそ国及びその機関の活動で宗教とのかかわり合いをもつすべての行為を指すものではなく，そのかかわり合いが右にいう相当とされる限度を超えるものに限られるというべきであって，当該行為の目的が宗教的意義をもち，その効果が宗教に対する援助，助長，促進又は圧迫，干渉等になるような行為をいう……。……宗教上の祝典，儀式，行事等であっても，その目的，効果が前記のようなものである限り，当然，これに含まれる。そして，この点から，ある行為が右にいう宗教的活動に該当するかどうかを検討するにあたっては，……当該行為の外形的側面のみにとらわれることなく，当該行為の行われる場所，当該行為に対する一般人の宗教的評価，当該行為者が当該行為を行うについての意図，目的及び宗教的意識の有無，程度，当該行為の一般人に与える効果，影響等，諸般の事情を考慮し，社会通念に従って，客観的に判断しなければならない。」

「本件起工式は，宗教とかかわり合いをもつものであることを否定しえないが，その目的は建築着工に際し土地の平安堅固，工事の無事安全を願い，社会の一般

的慣習に従った儀礼を行うという専ら世俗的なものと認められ，その効果は神道を援助，助長，促進し又は他の宗教に圧迫，干渉を加えるものとは認められないのであるから，憲法20条3項により禁止される宗教的活動にはあたらない……。」

□　/　□　/　□　/

最大判平9.4.2　愛媛玉串料訴訟事件

知事が靖国神社例大祭に際し玉串料として公金支出を行った行為と政教分離原則について，文章中の空欄を埋めなさい。

「玉串料及び供物料は，例大祭又は慰霊大祭において右のような宗教上の儀式が執り行われるに際して神前に供えられるものであり，献灯料は，これによりみたま祭において境内に奉納者の名前を記した灯明が掲げられるというものであって，いずれも各神社が宗教的意義を有すると考えていることが明らかなものである。」

「これらのことからすれば，県が特定の宗教団体の挙行する重要な宗教上の祭祀にかかわり合いを持ったということが明らかである。そして，一般に，神社自体がその境内において挙行する恒例の重要な祭祀に際して右のような玉串料等を奉納することは，建築主が主催して建築現場において土地の平安堅固，工事の無事安全等を祈願するために行う儀式である起工式の場合とは異なり，時代の推移によって既にその宗教的意義が希薄化し，慣習化した社会的儀礼にすぎないものになっているとまでは到底いうことができず，一般人が本件の玉串料等の奉納を社会的儀礼の一つにすぎないと評価しているとは考え難い……。そうであれば，玉串料等の奉納者においても，それが宗教的意義を有するものであるという意識を大なり小なり持たざる得ないのであり，このことは，本件においても同様」である。

「また，本件においては，県が他の宗教団体の挙行する同種の儀式に対して同様の支出をしたという事実がうかがわれないのであって，県が特定の宗教団体との間にのみ意識的に特別のかかわり合いを持ったことを否定することができない。これらのことからすれば，地方公共団体が特定の宗教団体に対してのみ本件のような形で特別のかかわり合いを持つことは，一般人に対して，県が当該特定の宗教団体を特別に支援しており，それらの宗教団体が他の宗教団体とは異なる特別のものであるとの印象を与え，特定の宗教への関心を呼び起こすもの」である。

「地方公共団体の名を示して行う玉串料等の奉納と一般にはその名を表示せずに行うさい銭の奉納とでは，その社会的意味を同一に論じられないことは，おのずから明らかである。そうであれば，本件玉串料等の奉納は，たとえそれが戦没者の慰霊及びその遺族の慰謝を直接の目的としてされたものであったとしても，世俗的目的で行われた社会的儀礼にすぎないものとして憲法に違反しないということはできない。」

「以上の事情を総合的に考慮して判断すれば，県が本件玉串料等靖國神社又は護國神社に前記のとおり奉納したことは，その目的が宗教的意義を持つことを免れず，その効果が特定の宗教に対する援助，助長，促進になると認めるべきであり，これによってもたらされる県と靖國神社等とのかかわり合いが我が国の社会的・文化的諸条件に照らし相当とされる限度を超えるものであって，憲法20条3項の禁止する宗教的活動に当たる……。」

「また，靖國神社及び護國神社は憲法89条にいう宗教上の組織又は団体に当たることが明らかであるところ，以上に判示したところからすると，本件玉串料等を靖國神社又は護國神社に前記のとおり奉納したことによってもたらされる県と靖國神社等とのかかわり合いが我が国の社会的・文化的諸条件に照らし相当とされる限度を超えるものと解されるのであるから，本件支出は，同条の禁止する公金の支出に当たり，違法」である。

最大判平22.1.20　空知太神社事件

市がその所有地を神社のために無償で提供する行為の憲法適合性について，文章中の空欄を埋めなさい。

「憲法89条は，公の財産を宗教上の組織又は団体の使用，便益若しくは維持のため，その利用に供してはならない旨を定めている。その趣旨は，国が宗教的に中立であることを要求するいわゆる政教分離の原則を，公の財産の利用提供等の財政的な側面において徹底させるところにあり，これによって，憲法20条1項後段の規定する宗教団体に対する特権の付与の禁止を財政的側面からも確保し，信教の自由の保障を一層確実なものにしようとしたものである。しかし，国家と宗教とのかかわり合いには種々の形態があり，およそ国又は地方公共団体が宗教との一切の関係を持つことが許されないというものではなく，憲法89条も，公の財産の利用提供等における宗教とのかかわり合いが，我が国の社会的，文化的諸条件に照らし，信教の自由の保障の確保という制度の根本目的との関係で相当とされる限度を超えるものと認められる場合に，これを許さないとするもの」である。

「国又は地方公共団体が国公有地を無償で宗教的施設の敷地としての用に供する行為は，一般的には，当該宗教的施設を設置する宗教団体等に対する便宜の供与として，憲法89条との抵触が問題となる行為である……。もっとも，国公有地が無償で宗教的施設の敷地としての用に供されているといっても，当該施設の性格や来歴，無償提供に至る経緯，利用の態様等には様々なものがあり得る……。

「国公有地が無償で宗教的施設の敷地としての用に供されている状態が，前記の見地から，信教の自由の保障の確保という制度の根本目的との関係で相当とされる限度を超えて憲法89条に違反するか否かを判断するに当たっては，当該宗教的施設の性格，当該土地が無償で当該施設の敷地としての用に供されるに至った経緯，当該無償提供の態様，これらに対する一般人の評価等，諸般の事情を考慮し，社会通念に照らして総合的に判断すべき」である。

「本件鳥居，地神宮，『神社』と表示された会館入口から祠に至る本件神社物件は，一体として神道の神社施設に当たる……。」

「また，本件神社において行われている諸行事は，地域の伝統的行事として親睦などの意義を有するとしても，神道の方式にのっとって行われているその態様にかんがみると，宗教的な意義の希薄な，単なる世俗的行事にすぎないということはできない。」

重要判例要旨一覧

　「このように，本件神社物件は，神社神道のための施設であり，その行事も，このような施設の性格に沿って宗教的行事として行われている……。」

　「本件神社物件を管理し，上記のような祭事を行っているのは，本件利用提供行為の直接の相手方である本件町内会ではなく，本件氏子集団である。

　本件氏子集団は，……町内会に包摂される団体ではあるものの，町内会とは別に社会的に実在している……。」「この氏子集団は，宗教的行事等を行うことを主たる目的としている宗教団体であって，寄附を集めて本件神社の祭事を行っており，憲法89条にいう『宗教上の組織若しくは団体』に当たる……。」「しかし，本件氏子集団は，祭事に伴う建物使用の対価を町内会に支払うほかは，本件神社物件の設置に通常必要とされる対価を何ら支払うことなく，その設置に伴う便益を享受している。すなわち，本件利用提供行為は，その直接の効果として，氏子集団が神社を利用した宗教的活動を行うことを容易にしている……。」

　「そうすると，本件利用提供行為は，Y市が，何らの対価を得ることなく本件各土地上に宗教的施設を設置させ，本件氏子集団においてこれを利用して宗教的活動を行うことを容易にさせているものといわざるを得ず，一般人の目から見て，市が特定の宗教に対して特別の便益を提供し，これを援助していると評価されてもやむを得ない……。……本件利用提供行為は，もともとは小学校敷地の拡張に協力した用地提供者に報いるという世俗的，公共的な目的から始まったもので，本件神社を特別に保護，援助するという目的によるものではなかったことが認められるものの，明らかな宗教的施設といわざるを得ない本件神社物件の性格，これに対し長期間にわたり継続的に便益を提供し続けていることなどの本件利用提供行為の具体的態様等にかんがみると，本件において，当初の動機，目的は上記評価を左右するものではない。」

　「以上のような事情を考慮し，社会通念に照らして総合的に判断すると，本件利用提供行為は，Y市と本件神社ないし神道とのかかわり合いが，我が国の社会的，文化的諸条件に照らし，信教の自由の保障の確保という制度の根本目的との関係で相当とされる限度を超えるものとして，憲法89条の禁止する公の財産の利用提供に当たり，ひいては憲法20条1項後段の禁止する宗教団体に対する特権の付与にも該当する……。」

□ ／ □ ／ □ ／

最大判昭38.5.22　東大ポポロ事件

学問の自由と大学の自治について，文章中の空欄を埋めなさい。

「学問の自由は，学問的研究の自由とその研究結果の発表の自由とを含むものであって，同条が学問の自由はこれを保障すると規定したのは，一面において，広くすべての国民に対してそれらの自由を保障するとともに，他面において，大学が学術の中心として深く真理を探究することを本質とすることにかんがみて，特に大学におけるそれらの自由を保障することを趣旨としたものである。教育ないし教授の自由は，学問の自由と密接な関係を有するけれども，必ずしもこれに含まれるものではない。しかし，大学については，憲法の右の趣旨と，これに沿って学校教育法52条が『大学は，学術の中心として，広く知識を授けるとともに，深く専門の学芸を教授研究』することを目的とするとしていることとに基づいて，大学において教授その他の研究者がその専門の研究の結果を教授する自由は，これを保障される……。」

「大学における学問の自由を保障するために，伝統的に大学の自治が認められている。この自治は，とくに大学の教授その他の研究者の人事に関して認められ，大学の学長，教授その他の研究者が大学の自主的判断に基づいて選任される。また，大学の施設と学生の管理についてもある程度で認められ，これらについてある程度で大学に自主的な秩序維持の権能が認められている。」

「大学の学問の自由と自治は，大学が学術の中心として深く真理を探究し，専門の学芸を教授研究することを本質とすることに基づくから，直接には教授その他の研究者の研究，その結果の発表，研究結果の教授の自由とこれらを保障するための自治とを意味する……。大学の施設と学生は，これらの自由と自治の効果として，施設が大学当局によって自治的に管理され，学生も学問の自由と施設の利用を認められる……。もとより，憲法23条の学問の自由は，学生も一般の国民と同じように享有する。しかし，大学の学生としてそれ以上に学問の自由を享有し，また大学当局の自治的管理による施設を利用できるのは，大学の本質に基づき，大学の教授その他の研究者の有する特別な学問の自由と自治の効果としてである。」

「大学における学生の集会も，右の範囲において自由と自治を認められるものであって，……大学の許可した学内集会であるということのみによって，特別な自由と自治を享有するものではない。学生の集会が真に学問的な研究またはその結果の発表のためのものでなく，実社会の政治的社会的活動に当る行為をする場合には，大学の有する特別の学問の自由と自治は享有しない。」

　「本件集会は，真に学問的な研究と発表のためのものではなく，実社会の政治的社会的活動であり，かつ公開の集会またはこれに準じるものであって，大学の学問の自由と自治は，これを享有しない……。したがって，本件の集会に警察官が立ち入ったことは，大学の学問の自由と自治を犯すものではない。」

□　／　□　／　□　／

最判昭62.4.24　サンケイ新聞意見広告事件

いわゆる反論権について，文章中の空欄を埋めなさい。

「私人間において，当事者の一方が情報の収集，管理，処理につき強い影響力をもつ日刊新聞紙を全国的に発行・発売する者である場合でも，憲法21条の規定から直接に，……反論文掲載の請求権が他方の当事者に生ずるものでない……。」

「新聞の記事に取り上げられた者が，その記事の掲載によって名誉毀損の不法行為が成立するかどうかとは無関係に，自己が記事に取り上げられたというだけの理由によって，新聞を発行・販売する者に対し，当該記事に対する自己の反論文を無修正で，しかも無料で掲載することを求めることができるものとするいわゆる反論権の制度は，記事により自己の名誉を傷つけられあるいはそのプライバシーに属する事項等について誤った報道をされたとする者にとっては，機を失せず，同じ新聞紙上に自己の反論文の掲載を受けることができ，これによって原記事に対する自己の主張を読者に訴える途が開かれることになるのであって，かかる制度により名誉あるいはプライバシーの保護に資するものがあることも否定し難い……。しかしながら，この制度が認められるときは，新聞を発行・販売する者にとっては，原記事が正しく，反論文は誤りであると確信している場合でも，あるいは反論文の内容がその編集方針によれば掲載すべきでないものであっても，その掲載を強制されることになり，また，そのために本来ならば他に利用できたはずの紙面を割かなければならなくなる等の負担を強いられるのであって，これらの負担が，批判的記事，ことに公的事項に関する批判的記事の掲載をちゅうちょさせ，憲法の保障する表現の自由を間接的に侵す危険につながるおそれも多分に存する……。このように，反論権の制度は，民主主義社会において極めて重要な意味をもつ新聞等の表現の自由（……昭和61年6月11日大法廷判決（注：北方ジャーナル事件判決））に対し重大な影響を及ぼすものであって，たとえYの発行するサンケイ新聞などの日刊全国紙による情報の提供が一般国民に対し強い影響力をもち，その記事が特定の者の名誉ないしプライバシーに重大な影響を及ぼすことがあるとしても，不法行為が成立する場合にその者の保護を図ることは別論として，反論権の制度について具体的な成文法がないのに，反論権を認めるに等しいX主張のような反論文掲載請求権をたやすく認めることはできない…。」

□ ／ □ ／ □ ／

最大決昭44.11.26 博多駅事件

報道の自由及び取材の自由について，文章中の空欄を埋めなさい。

「報道機関の報道は，民主主義社会において，国民が国政に関与するにつき，重要な判断の資料を提供し，国民の『知る権利』に奉仕するものである。したがって，思想の表明の自由とならんで，事実の報道の自由は，表現の自由を規定した憲法21条の保障のもとにある……。また，このような報道機関の報道が正しい内容をもつためには，報道の自由とともに，報道のための取材の自由も，憲法21条の精神に照らし，十分尊重に値いする……。」

「しかし，取材の自由といっても，もとより何らの制約を受けないものではなく，……公正な刑事裁判の実現を保障するために，報道機関の取材活動によって得られたものが，証拠として必要と認められるような場合には，取材の自由がある程度の制約を蒙ることとなってもやむを得ない……。しかしながら，このような場合においても，一面において，審判の対象とされている犯罪の性質，態様，軽重および取材したものの証拠としての価値，ひいては，公正な刑事裁判を実現するにあたっての必要性の有無を考慮するとともに，他面において，取材したものを証拠として提出させられることによって報道機関の取材の自由が妨げられる程度およびこれが報道の自由に及ぼす影響の度合その他諸般の事情を比較衡量して決せられるべきであり，これを刑事裁判の証拠として使用することがやむを得ないと認められる場合においても，それによって受ける報道機関の不利益が必要な限度をこえないように配慮されなけれぼならない。」

「本件についてみるに，本件の付審判請求事件の審理の対象は，多数の機動隊等と学生との間の衝突に際して行なわれたとされる機動隊員等の公務員職権乱用罪，特別公務員暴行陵虐罪の成否にある。その審理は，現在において，被疑者および被害者の特定すら困難な状態であって，事件発生後2年ちかくを経過した現在，第三者の新たな証言はもはや期待することができず，したがって，当時，右の現場を中立的な立場から撮影した報道機関の本件フィルムが証拠上きわめて重要な価値を有し，被疑者らの罪責の有無を判定するうえに，ほとんど必須のものと認められる状況にある。他方，本件フィルムは，すでに放映されたものを含む放映のために準備されたものであり，それが証拠として使用されることによって報道機関が蒙る不利益は，報道の自由そのものではなく，将来の取材の自由が妨げられるおそれがあるというにとどまるものと解されるのであって，付審判請求事件とはいえ，本件の刑事裁判が公正に行なわれることを期するためには，この程度の不利益は，報道機関の立場を十分尊重すべきものとの見地に立っても，な

お忍受されなければならない……。また，本件提出命令を発した福岡地方裁判所は，本件フィルムにつき，一たん押収した後においても，時機に応じた仮還付などの措置により，報道機関のフィルム使用に支障をきたさないよう配慮すべき旨を表明している。以上の諸点その他各般の事情をあわせ考慮するときは，本件フィルムを付審判請求事件の証拠として使用するために本件提出命令を発したことは，……やむを得ない……。」

□___／___□___／___□___／___

最決平18.10.3　NHK記者事件

民事訴訟法197条1項3号の『職業の秘密』について,文章中の空欄を埋めなさい。

「民訴法は,公正な民事裁判の実現を目的として,何人も,証人として証言をすべき義務を負い(同法190条),一定の事由がある場合に限って例外的に証言を拒絶することができる旨定めている(同法196条,197条)。そして,同法197条1項3号は,『職業の秘密に関する事項について尋問を受ける場合』には,証人は,証言を拒むことができると規定している。ここにいう『職業の秘密』とは,その事項が公開されると,当該職業に深刻な影響を与え以後その遂行が困難になるものをいう……。もっとも,ある秘密が上記の意味での職業の秘密に当たる場合においても,そのことから直ちに証言拒絶が認められるものではなく,そのうち保護に値する秘密についてのみ証言拒絶が認められる……。そして,保護に値する秘密であるかどうかは,秘密の公表によって生ずる不利益と証言の拒絶によって犠牲になる真実発見及び裁判の公正との比較衡量により決せられる……。」

「報道関係者の取材源は,一般に,それがみだりに開示されると,報道関係者と取材源となる者との間の信頼関係が損なわれ,将来にわたる自由で円滑な取材活動が妨げられることとなり,報道機関の業務に深刻な影響を与え以後その遂行が困難になると解されるので,取材源の秘密は職業の秘密に当たる……。そして,当該取材源の秘密が保護に値する秘密であるかどうかは,当該報道の内容,性質,その持つ社会的な意義・価値,当該取材の態様,将来における同種の取材活動が妨げられることによって生ずる不利益の内容,程度等と,当該民事事件の内容,性質,その持つ社会的な意義・価値,当該民事事件において当該証言を必要とする程度,代替証拠の有無等の諸事情を比較衡量して決すべきことになる。」

「そして,この比較衡量にあたっては,次のような点が考慮されなければならない。すなわち,報道機関の報道は,民主主義社会において,国民が国政に関与するにつき,重要な判断の資料を提供し,国民の知る権利に奉仕するものである。したがって,思想の表明の自由と並んで,事実報道の自由は,表現の自由を規定した憲法21条の保障の下にあることはいうまでもない。また,このような報道機関の報道が正しい内容を持つためには,報道の自由とともに,報道のための取材の自由も,憲法21条の精神に照らし,十分尊重に値する……。取材の自由の持つ上記のような意義に照らして考えれば,取材源の秘密は,取材の自由を確保するために必要なものとして,重要な社会的価値を有する……。そうすると,当該報道が公共の利益に関するものであって,その取材の手段,方法が一般の刑罰法令に触れるとか,取材源となった者が取材源の秘密の開示を承諾しているなど

の事情がなく，しかも，当該民事事件が社会的意義や影響のある重大な民事事件であるため，当該取材源の秘密の社会的価値を考慮してもなお公正な裁判を実現すべき必要性が高く，そのために当該証言を得ることが必要不可欠であるといった事情が認められない場合には，当該取材源の秘密は保護に値すると解すべきであり，証人は，原則として，当該取材源に係る証言を拒絶することができる……。」

「これを本件についてみるに，本件NHK報道は，公共の利害に関する報道であることは明らかであり，その取材の手段，方法が一般の刑罰法令に触れるようなものであるとか，取材源となった者が取材源の秘密の開示を承諾しているなどの事情はうかがわれず，一方，本件基本事件は，株価の下落，配当の減少等による損害の賠償を求めているものであり，社会的意義や影響のある重大な民事事件であるかどうかは明らかでなく，また，本件基本事件はその手続がいまだ開示（ディスカバリー）の段階にあり，公正な裁判を実現するために当該取材源に係る証言を得ることが必要不可欠であるといった事情も認めることはできない。」

「したがって，相手方は，民訴法197条1項3号に基づき，本件の取材源に係る事項についての証言を拒むことができる……。」

□ ／ □ ／ □ ／

最決昭53.5.31 外務省秘密漏洩事件，西山記者事件

取材活動の限界について，文章中の空欄を埋めなさい。

「報道機関の国政に関する報道は，民主主義社会において，国民が国政に関するにつき，重要な判断の資料を提供し，いわゆる国民の知る権利に奉仕するものであるから，報道の自由は，憲法21条が保障する表現の自由のうちでも特に重要なものであり，また，このような報道が正しい内容をもつためには，報道のための取材の自由もまた，憲法21条の精神に照らし，十分尊重に値する……（最高裁昭和44年……11月26日……決定（注：博多駅事件））。そして，報道機関の国政に関する取材行為は，国家秘密の探知という点で公務員の守秘義務と対立拮抗するものであり，時としては誘導・唆誘的性質を伴うものであるから，報道機関が取材の目的で公務員に対し秘密を漏示するようにそそのかしたからといって，そのことだけで，直ちに当該行為の違法性が推定されるものと解するのは相当ではなく，報道機関が公務員に対し根気強く執拗に説得ないし要請を続けることは，それが真に報道の目的からでたものであり，その手段・方法が法秩序全体の精神に照らし相当なものとして社会観念上是認されるものである限りは，実質的に違法性を欠き正当な業務行為」である。

「しかしながら，報道機関といえども，取材に関し他人の権利・自由を不当に侵害することのできる特権を有するものでないことはいうまでもなく，取材の手段・方法が贈賄，脅迫，強要等の一般の刑罰法令に触れる行為を伴う場合は勿論，その手段・方法が一般の刑罰法令に触れないものであっても，取材対象者の個人としての人格の尊厳を著しく蹂躙する等法秩序全体の精神に照らし社会観念上是認することのできない態様のものである場合にも，正当な取材活動の範囲を逸脱し違法性を帯びる……。」

「これを本件についてみると……，Ｙ1は，当初から秘密文書を入手するための手段として利用する意図でＹ2と肉体関係を持ち，同女が右関係のためＹ1の依頼を拒み難い心理状態に陥ったことに乗じて秘密文書を持ち出させたが，同女を利用する必要がなくなるや，同女との右関係を消滅させその後は同女を顧みなくなったものであって，取材対象者であるＹ2の個人としての人格の尊厳を著しく蹂躙したものといわざるをえず，このようなＹ1の取材行為は，その手段・方法において法秩序全体の精神に照らし社会観念上，到底是認することのできない不相当なものであるから，正当な取材活動の範囲を逸脱している……。」

□ ／ □ ／ □ ／

最大判平元.3.8　レペタ事件

憲法82条1項とメモを取る権利について，文章中の空欄を埋めなさい。

「憲法82条1項の規定は，裁判の対審及び判決が公開の法廷で行われるべきことを定めているが，その趣旨は，裁判を一般に公開して裁判が公正に行われることを制度として保障し，ひいては裁判に対する国民の信頼を確保しようとすることにある。裁判の公開が制度として保障されていることに伴い，各人は，裁判を傍聴することができることとなるが，右規定は，各人が裁判所に対して傍聴することを権利として要求できることまでを認めたものでないことはもとより，傍聴人に対して法廷においてメモを取ることを権利として保障しているものでない……。」

憲法21条1項と筆記行為の自由について，文章中の空欄を埋めなさい。

「憲法21条1項の規定は，表現の自由を保障している。そうして，各人が自由にさまざまな意見，知識，情報に接し，これを摂取する機会をもつことは，その者が個人として自己の思想及び人格を形成，発展させ，社会生活の中にこれを反映させていく上において欠くことのできないものであり，民主主義社会における思想及び情報の自由な伝達，交流の確保という基本的原理を真に実効あるものたらしめるためにも必要であって，このような情報等に接し，これを摂取する自由は，右規定の趣旨，目的から，いわば派生原理として当然に導かれる……（最高裁昭和58年6月22日……判決（注：よど号ハイジャック記事抹消事件判決）……参照）。」

「筆記行為は，一般的には人の生活活動の一つであり，生活のさまざまな場面において行われ，極めて広い範囲に及んでいるから，そのすべてが憲法の保障する自由に関係するものということはできないが，さまざまな意見，知識，情報に接し，これを摂取することを補助するものとしてなされる限り，筆記行為の自由は，憲法21条1項の規定の精神に照らして尊重されるべきである……。」

「裁判の公開が制度として保障されていることに伴い，傍聴人は法廷における裁判を見聞することができるのであるから，傍聴人が法廷においてメモを取ることは，その見聞する裁判を認識，記憶するためになされるものである限り，尊重に値し，故なく妨げられてはならない……。」

「もっとも，情報等の摂取を補助するためにする筆記行為の自由といえども，他者の人権と衝突する場合にはそれとの調整を図る上において，又はこれに優越

重要判例要旨一覧

する公共の利益が存在する場合にはそれを確保する必要から，一定の合理的制限を受けることがあることはやむを得ない……。しかも，右の筆記行為の自由は，憲法21条1項の規定によって直接保障されている表現の自由そのものとは異なるものであるから，その制限又は禁止には，表現の自由に制約を加える場合に一般に必要とされる厳格な基準が要求されるものではない……。」

「これを傍聴人のメモを取る行為についていえば，法廷は，事件を審理，裁判する場，すなわち，事実を審究し，法律を適用して，適正かつ迅速な裁判を実現すべく，裁判官及び訴訟代理人が全神経を集中すべき場であって，そこにおいて最も尊重されなければならないのは，適正かつ迅速な裁判を実現することである。傍聴人は，裁判官及び訴訟関係人と異なり，その活動を見聞する者であって，裁判に関与して何らかの積極的な活動をすることを予定されている者ではない。したがって，公正かつ円滑な訴訟の運営は，傍聴人がメモを取ることに比べれば，はるかに優越する法益である……。」

「してみれば，そのメモを取る行為がいささかでも法廷における公正かつ円滑な訴訟の運営を妨げる場合には，それが制限又は禁止されるべきことは当然である……。適正な裁判の実現のためには，傍聴それ自体をも制限することができるとされている……（刑訴規則202条，123条2項参照）。」

「しかしながら，……傍聴人のメモを取る行為が公正かつ円滑な訴訟の運営を妨げるに至ることは，通常はあり得ないのであって，特段の事情のない限り，これを傍聴人の自由に任せるべきであり，それが憲法21条1項の規定の精神に合致する……。」

裁判長の法廷警察権とその裁量の範囲について，文章中の空欄を埋めなさい。

「法廷を主宰する裁判長（開廷をした一人の裁判官を含む。以下同じ。）には，裁判所の職務の執行を妨げ，又は不当な行状をする者に対して，法廷の秩序を維持するため相当な処分をする権限が付与されている（裁判所法71条，刑訴法288条2項）。右の法廷警察権は，法廷における訴訟の運営に対する傍聴人等の妨害を抑制，排除し，適正かつ迅速な裁判の実現という憲法上の要請を満たすために裁判長に付与された権限である。しかも，裁判所の職務の執行を妨げたり，法廷の秩序を乱したりする行為は，裁判の各場面においてさまざまな形で現れ得るものであり，法廷警察権は，右の各場面において，その都度，これに即応して適切に行使されなければならないことにかんがみれば，その行使は，当該法廷の状況等を最も的確に把握し得る立場にあり，かつ，訴訟の進行に全責任をもつ裁判長の広範な裁量に委ねられて然るべきものというべきであるから，その行使の要否，執るべき措置についての裁判長の判断は，最大限に尊重されなければならない

……。」

「裁判長は，傍聴人のメモを取る行為といえども，公正かつ円滑な訴訟の運営の妨げとなるおそれがある場合は，この権限に基づいて，当然これを禁止又は規制する措置を執ることができる……から，実定法上，法廷において傍聴人に対してメモを取る行為を禁止する根拠となる規定が存在しないということはできない。」「裁判長は傍聴人がメモを取ることをその自由に任せるべきであり，それが憲法21条1項の規定の精神に合致するものであることは，前示のとおりである。裁判長としては，特に具体的に公正かつ円滑な訴訟の運営の妨げとなるおそれがある場合においてのみ，法廷警察権によりこれを制限又は禁止するという取扱いをすることが望ましい……が，事件の内容，傍聴人の状況その他当該法廷の具体的状況によっては，傍聴人がメモを取ることをあらかじめ一般的に禁止し，状況に応じて個別的にこれを許可するという取扱いも，傍聴人がメモを取ることを故なく妨げることとならない限り，裁判長の裁量の範囲内の措置として許容される……。」

報道機関の記者のみに対するメモ許可と憲法14条1項について，文章中の空欄を埋めなさい。

「憲法14条1項の規定は，各人に対し絶対的な平等を保障したものではなく，合理的理由なくして差別することを禁止する趣旨であって，それぞれの事実上の差異に相応して法的取扱いを区別することは，その区別が合理性を有する限り，何ら右規定に違反するものではない……（最高裁昭和……60年3月27日……判決（注：サラリーマン税金訴訟判決）……参照）とともに，報道機関の報道は，民主主義社会において，国民が国政に関与するにつき，重要な判断の資料を提供するものであって，事実の報道の自由は，表現の自由を定めた憲法21条1項の規定の保障の下にあることはいうまでもなく，このような報道機関の報道が正しい内容をもつためには，報道のための取材の自由も，憲法21条の規定の精神に照らし，十分尊重に値する……（最高裁昭和44年……11月26日……決定（注：博多駅事件決定））。」

「そうであってみれば，以上の趣旨が法廷警察権の行使に当たって配慮されることがあっても，裁判の報道の重要性に照らせば当然であり，報道の公共性，ひいては報道のための取材の自由に対する配慮に基づき，司法記者クラブ所属の報道機関の記者に対してのみ法廷においてメモを取ることを許可することも，合理性を欠く措置ということはできない……。」

「本件裁判長において執った右の措置は，このような配慮に基づくものと思料されるから，合理性を欠くとまでいうことはできず，憲法14条1項の規定に違

反するものではない。」

□ ／ □ ／ □ ／

最大判昭61.6.11　北方ジャーナル事件

検閲について，文章中の空欄を埋めなさい。

「憲法21条2項前段にいう検閲とは，行政権が主体となって，思想内容等の表現物を対象とし，その全部又は一部の発表の禁止を目的として，対象とされる一定の表現物につき網羅的一般的に，発表前にその内容を審査したうえ，不適当と認めるものの発表を禁止することを，その特質として備えるものを指す……。ところで，一定の記事を掲載した雑誌その他の出版物の印刷，製本，販売，頒布等の仮処分による事前差止めは，裁判の形式によるとはいえ，口頭弁論ないし債務者の審尋を必要的とせず，立証についても疎明で足りるとされているなど簡略な手続によるものであり，また，いわゆる満足的仮処分として争いのある権利関係を暫定的に規律するものであって，非訟的な要素を有することを否定することはできないが，仮処分による事前差止めは，表現物の内容の網羅的一般的な審査に基づく事前規制が行政機関によりそれ自体を目的として行われる場合とは異なり，個別的な私人間の紛争について，司法裁判所により，当事者の申請に基づき差止請求権等の私法上の被保全権利の存否，保全の必要性の有無を審理判断して発せられるものであって，右判示にいう『検閲』には当たらない……。」

人格権に基づく差止請求について，文章中の空欄を埋めなさい。

「事前差止めの合憲性に関する判断に先立ち，実体法上の差止請求権の存否について考えるのに，人の品性，徳行，名声，信用等の人格的価値について社会から受ける客観的評価である名誉を違法に侵害された者は，損害賠償（民法710条）又は名誉回復のための処分（同法723条）を求めることができるほか，人格権としての名誉権に基づき，加害者に対し，現に行われている侵害行為を排除し，又は将来生ずべき侵害を予防するため，侵害行為の差止めを求めることができる……。けだし，名誉は生命，身体とともに極めて重大な保護法益であり，人格権としての名誉権は，物権の場合と同様に排他性を有する権利というべきであるからである。」

重要判例要旨一覧

> 公共的事項に関する表現と名誉の保護について，文章中の空欄を埋めなさい。

「しかしながら，言論，出版等の表現行為により名誉侵害を来す場合には，人格権としての個人の名誉の保護（憲法13条）と表現の自由の保障（同21条）とが衝突し，その調整を要することとなるので，いかなる場合に侵害行為としてその規制が許されるかについて憲法上慎重な考慮が必要である。」

「主権が国民に属する民主制国家は，その構成員である国民がおよそ一切の主義主張等を表明するとともにこれらの情報を相互に受領することができ，その中から自由な意思をもって自己が正当と信ずるものを採用することにより多数意見が形成され，かかる過程を通じて国政が決定されることをその存立の基礎としているのであるから，表現の自由，とりわけ，公共的事項に関する表現の自由は，特に重要な憲法上の権利として尊重されなければならないものであり，憲法21条1項の規定は，その核心においてかかる趣旨を含む……。もとより，右の規定も，あらゆる表現の自由を無制限に保障しているものではなく，他人の名誉を害する表現は表現の自由の濫用であって，これを規制することを妨げないが，右の趣旨にかんがみ，刑事上及び民事上の名誉毀損に当たる行為についても，当該行為が公共の利害に関する事実にかかり，その目的が専ら公益を図るものである場合には，当該事実が真実であることの証明があれば，右行為には違法性がなく，また，真実であることの証明がなくても，行為者がそれを真実であると誤信したことについて相当の理由があるときは，右行為には故意又は過失がないと解すべく，これにより人格権としての個人の名誉の保護と表現の自由の保障との調和が図られているものであることは，当裁判所の判例とするところであり（昭和……44年6月25日……判決（『夕刊和歌山時事』事件判決）……，昭和……41年6月23日……判決……参照），このことは，侵害行為の事前規制の許否を考察するに当たっても考慮を要する……。」

> 出版物頒布等の事前差止めの条件について，文章中の空欄を埋めなさい。

「表現行為に対する事前抑制は，新聞，雑誌その他の出版物や放送等の表現物がその自由市場に出る前に抑止してその内容を読者ないし聴視者の側に到達させる途を閉ざし又はその到達を遅らせてその意義を失わせ，公の批判の機会を減少させるものであり，また，事前抑制たることの性質上，予測に基づくものとならざるをえないこと等から事後制裁の場合よりも広汎にわたり易く，濫用の虞があるうえ，実際上の抑止的効果が事後制裁の場合より大きいと考えられるのであって，表現行為に対する事前抑制は，表現の自由を保障し検閲を禁止する憲法21条の趣旨に照らし，厳格かつ明確な要件のもとにおいてのみ許容されうる……。」

「出版物の頒布等の事前差止めは，このような事前抑制に該当するものであっ

て，とりわけ，その対象が公務員又は公職選挙の候補者に対する評価，批判等の表現行為に関するものである場合には，そのこと自体から，一般にそれが公共の利害に関する事項であるということができ，前示のような憲法21条１項の趣旨……に照らし，その表現が私人の名誉権に優先する社会的価値を含み憲法上特に保護されるべきであることにかんがみると，当該表現行為に対する事前差止めは，原則として許されない……。ただ，右のような場合においても，その表現内容が真実でなく，又はそれが専ら公益を図る目的のものでないことが明白であって，かつ，被害者が重大にして著しく回復困難な損害を被る虞があるときは，当該表現行為はその価値が被害者の名誉に劣後することが明らかであるうえ，有効適切な救済方法としての差止めの必要性も肯定されるから，かかる実体的要件を具備するときに限って，例外的に事前差止めが許される……。」

　「公共の利害に関する事項についての表現行為に対し，その事前差止めを仮処分手続によって求める場合に，一般の仮処分命令手続のように，専ら迅速な処理を旨とし，口頭弁論ないし債務者の審尋を必要的とせず，立証についても疎明で足りるものとすることは，表現の自由を確保するうえで，その手続的保障として十分であるとはいえず，しかもこの場合，表現行為者側の主たる防禦方法は，その目的が専ら公益を図るものであることと当該事実が真実であることとの立証にあるのである……から，事前差止めを命ずる仮処分命令を発するについては，口頭弁論又は債務者の審尋を行い，表現内容の真実性等の主張立証の機会を与えることを原則とすべき……である。ただ，差止めの対象が公共の利害に関する事項についての表現行為である場合においても，口頭弁論を開き又は債務者の審尋を行うまでもなく，債権者の提出した資料によって，その表現内容が真実でなく，又はそれが専ら公益を図る目的のものでないことが明白であり，かつ，債権者が重大にして著しく回復困難な損害を被る虞があると認められるときは，口頭弁論又は債務者の審尋を経ないで差止めの仮処分命令を発したとしても，憲法21条の前示の趣旨に反するものということはできない。」

重要判例要旨一覧

□　／　　□　／　　□　／

最大判昭60.10.23　福岡県青少年保護育成条例事件

青少年保護育成条例中の刑罰法規の明確性について，文章中の空欄を埋めなさい。

「本条例10条１項，16条１項の規定（以下，両者を併せて『本件各規定』という。）の趣旨は，一般に青少年が，その心身の未成熟や発育程度の不均衡から，精神的に未だ十分に安定していないため，性行為等によって精神的な痛手を受け易く，また，その痛手からの回復が困難となりがちである等の事情にかんがみ，青少年の健全な育成を図るため，青少年を対象としてなされる性行為等のうち，その育成を阻害するおそれのあるものとして社会通念上非難を受けるべき性質のものを禁止することとしたもの……あって，右のような本件各規定の趣旨及びその文理等に徴すると，本条例10条１項の規定にいう『淫行』とは，広く青少年に対する性行為一般をいうものと解すべきではなく，青少年を誘惑し，威迫し，欺罔し又は困惑させる等その心身の未成熟に乗じた不当な手段により行う性交又は性交類似行為のほか，青少年を単に自己の性的欲望を満足させるための対象として扱っているとしか認められないような性交又は性交類似行為をいう……。けだし，右の『淫行』を広く青少年に対する性行為一般を指すものと解するときは，『淫らな』性行為を指す『淫行』の用語自体の意義に添わないばかりでなく，例えば婚約中の青少年又はこれに準ずる真摯な交際関係にある青少年との間で行われる性行為等，社会通念上およそ処罰の対象として考え難いものをも含むこととなって，その解釈は広きに失することが明らかであり，また，前記『淫行』を目して単に反倫理的あるいは不純な性行為と解するのでは，犯罪の構成要件として不明確であるとの批判を免れないのであって，前記の規定の文理から合理的に導き出され得る解釈の範囲内で，前叙のように限定して解するのを相当とする。このような解訳は通常の判断能力を有する一般人の理解にも適うものであり，『淫行』の意義を右のように解釈するときは，同規定につき処罰の範囲が不当に広過ぎるとも不明確であるともいえない。」

□　／　□　／　□　／

最判昭56.6.15　戸別訪問の禁止

戸別訪問禁止を定めた公職選挙法138条1項の規定の合憲性について，文章中の空欄を埋めなさい。

「公職選挙法138条1項の規定が憲法21条に違反するものでないことは，当裁判所の判例……とするところである。」

「戸別訪問の禁止は，意見表明そのものの制約を目的とするものではなく，意見表明の手段方法のもたらす弊害，すなわち，戸別訪問が買収，利害誘導等の温床になり易く，選挙人の生活の平穏を害するほか，これが放任されれば，候補者側も訪問回数等を競う煩に耐えられなくなるうえに多額の出費を余儀なくされ，投票も情実に支配され易くなるなどの弊害を防止し，もって選挙の自由と公正を確保することを目的としているところ……右の目的は正当であり，それらの弊害を総体としてみるときには，戸別訪問を一律に禁止することと禁止目的との間に合理的な関連性がある……。そして，戸別訪問の禁止によって失われる利益は，それにより戸別訪問という手段方法による意見表明の自由が制約されることではあるが，……戸別訪問以外の手段方法による意見表明の自由を制約するものではなく，単に手段方法の禁止に伴う限度での間接的，付随的な制約にすぎない反面，禁止により得られる利益は，戸別訪問という手段方法のもたらす弊害を防止することによる選挙の自由と公正の確保であるから，得られる利益は失われる利益に比してはるかに大きい……。以上によれば，戸別訪問を一律に禁止している公職選挙法138条1項の規定は，合理的で必要やむをえない限度を超えるものとは認められず，憲法21条に違反するものではない。したがって，戸別訪問を一律に禁止するかどうかは，専ら選挙の自由と公正を確保する見地からする立法政策の問題であって，国会がその裁量の範囲内で決定した政策は尊重されなければならない……。」

「このように解することは，意見表明の手段方法を制限する立法について憲法21条との適合性に関する判断を示したその後の判例（最高裁昭和……49年11月6日……判決（注：猿払事件判決）……）の趣旨にそうところであ」る。

重要判例要旨一覧

□＿／＿□＿／＿□＿／＿

最判昭62.3.3　大分県屋外広告物条例事件

屋外広告物を規制する条例の合憲性について，文章中の空欄を埋めなさい。

「大分県屋外広告物条例は，屋外広告物法に基づいて制定されたもので，右法律と相俟って，大分県における美観風致の維持及び公衆に対する危害防止の目的のために，屋外広告物の表示の場所・方法及び屋外広告物を掲出する物件の設置・維持について必要な規制をしているところ，国民の文化的生活の向上を目途とする憲法の下においては，都市の美観風致を維持することは，公共の福祉を保持する所以であり，右の程度の規制は，公共の福祉のため，表現の自由に対し許された必要かつ合理的な制限と解することができるから（最高裁……43年12月18日……判決（注：大阪市屋外広告物条例事件判決）……参照），大分県屋外広告物条例で広告物の表示を禁止されている街路樹2本の各支柱に，日本共産党の演説会開催の告知宣伝を内容とするいわゆるプラカード式ポスター各1枚を針金でくくりつけた被告人の本件所為につき，同条例33条1号，4条1項3号の各規定を適用してこれを処罰しても憲法21条1項に違反するものでない……。」

《伊藤裁判官の補足意見》

本件条例の規制対象となる屋外広告物には政治的な意見や情報を伝えるものも含まれるが，①それを屋外の公衆の目にふれやすいところに掲出することは，極めて容易に意見や情報を他人に伝達する効果を上げ得る方法であり，②特に，経済的に恵まれない者にとって簡便で効果的な表現伝達方法である。そこで，ビラ・ポスターを掲示する場所は道路・公園とは性格を異にするが，パブリック・フォーラムたる性質を有する。

したがって，思想・意見にかかわる表現の規制となる場合は，美観風致の維持という公共の福祉に適合する目的を持つ規制であることからたやすく合憲にはできない本条例は，表現の内容と関わりなく美観風致の維持等の目的から屋外広告物の掲出の場所や方法について一般的に規制するもので，厳格な基準で審査されるものではなく，違憲無効の法令とまではいえないが，適用違憲となる場合があり得る。それは，「それぞれの事案の具体的な事情に照らし，広告物の貼付されている場所がどのような性質を持つものであるか，周囲がどのような状況であるか，貼付された広告物の数量・形状や，掲出のしかた等を総合的に考慮し，その地域の美観風致の侵害の程度と掲出された広告物にあらわれた表現の持つ価値とを比較衡量した結果，表現の価値の有する利益が美観風致の維持の利益に優越すると判断されるとき」である。

最判平7.3.7　泉佐野市民会館事件

市民会館の利用不許可処分と集会の自由との関係について，文章中の空欄を埋めなさい。

「地方自治法244条にいう普通地方公共団体の公の施設として，本件会館のように集会の用に供する施設が設けられている場合，住民はその施設の設置目的に反しない限りその利用を原則的に認められることになるので，管理者が正当な理由なくその利用を拒否するときは，憲法の保障する集会の自由の不当な制限につながるおそれが生ずる。」

本件条例の解釈適用に当たっては，「本件会館の使用を拒否することによって憲法の保障する集会の自由を実質的に否定することにならないかどうかを検討すべきである。」

「このような観点からすると，集会の用に供される公共施設の管理者は，当該公共施設の種類に応じ，また，その規模，構造，設備等を勘案し，公共施設としての使命を十分達成せしめるよう適正にその管理権を行使すべきであって，これらの点からみて利用を不相当とする事由が認められないにもかかわらずその利用を拒否し得るのは，利用の希望が競合する場合の他は，施設をその集会のために利用させることによって，他の基本的人権が侵害され，公共の福祉が損なわれる危険性がある場合に限られるというべきであり，このような場合には，その危険を回避し，防止するために，その施設における集会の開催が必要かつ合理的な範囲で制限を受けることがある……」。

そして，「右の制限が必要かつ合理的なものとして肯認されるかどうかは，基本的には，基本的人権としての集会の自由の重要性と，当該集会が開かれることによって侵害されることのある他の基本的人権の内容や侵害の発生の危険性の程度等を較量して決せられるべき」である。「このような較量をするに当たっては，集会の自由の制約は，基本的人権のうち精神的自由を制約するものであるから，経済的自由の制約における以上に厳格な基準の下にされなければならない（最高裁昭和……50年4月30日……判決（注：薬局距離制限規定違憲判決）……参照）。」

会館の使用不許可事由を定める本件条例7条1号は，「公の秩序を乱すおそれのある場合」という広義の表現を採っているが，これは「本件会館で集会が開かれることによって，人の生命，身体又は財産が侵害され，公共の安全が損なわれる危険を回避し，防止することの必要性が優越する場合をいうものと限定して解すべきであ」る。

その危険性の程度としては，「単に危険な事態を生ずる蓋然性があるというだ

重要判例要旨一覧

けでは足りず，明らかに差し迫った危険の発生が具体的に予見されることが必要である……（最高裁昭和……29年11月24日……判決……参照（注：新潟県公安条例事件判決））。」「そう解する限り，このような規制は，他の基本的人権に対する侵害を回避し，防止するために必要かつ合理的なものとして，憲法21条に違反するものではなく，また，地方自治法244条に違反するものでもない……。」「右事由の存在を肯認することができるのは，そのような事態の発生が許可権者の主観により予測されるだけではなく，客観的な事実に照らして具体的に明らかに予測される場合でなければならない……。」

「本件不許可処分は，……中核派が，本件不許可処分のあった当時，関西新空港の建設に反対して違法な実力行使を繰り返し，対立する他のグループと暴力による抗争を続けてきたという客観的事実からみて，本件集会が本件会館で開かれたならば，本件会館内又はその付近の路上等においてグループ間で暴力の行使を伴う衝突が起こるなどの事態が生じ，その結果，グループの構成員だけでなく，本件会館の職員，通行人，付近住民等の生命，身体又は財産が侵害されるという事態を生ずることが，具体的に明らかに予見されることを理由とするものと認められる。」

「したがって，本件不許可処分が憲法21条，地方自治法244条に違反するということはできない。」

最大判昭50.9.10

刑罰法規の明確性について，文章中の空欄を埋めなさい。

「およそ，刑罰法規の定める犯罪構成要件があいまい不明確のゆえに憲法31条に違反し無効であるとされるのは，その規定が通常の判断能力を有する一般人に対して，禁止される行為とそうでない行為とを識別するための基準を示すところがなく，そのため，その適用を受ける国民に対して刑罰の対象となる行為をあらかじめ告知する機能を果たさず，また，その運用がこれを適用する国又は地方公共団体の機関の主観的判断にゆだねられて恣意に流れる等，重大な弊害を生ずるからである……。しかし，一般に法規は，規定の文言の表現力に限界があるばかりでなく，その性質上多かれ少なかれ抽象性を有し，刑罰法規もその例外をなすものではないから，禁止される行為とそうでない行為との識別を可能ならしめる基準といっても，必ずしも常に絶対的なそれを要求することはできず，合理的な判断を必要とする場合があることを免れない。それゆえ，ある刑罰法規があいまい不明確のゆえに憲法31条に違反するものと認めるべきかどうかは，通常の判断能力を有する一般人の理解において，具体的場合に当該行為がその適用を受けるものかどうかの判断を可能ならしめるような基準が読みとれるかどうかによってこれを決定すべきである。」

□　／　　□　／　　□　／

最大判昭50.4.30　薬局距離制限規定違憲判決

　職業の自由の規制と規制措置の合憲性判断方法について，文章中の空欄を埋めなさい。

　「憲法22条1項は，何人も，公共の福祉に反しないかぎり，職業選択の自由を有すると規定している。職業は，人が自己の生計を維持するためにする継続的活動であるとともに，分業社会においては，これを通じて社会の存続と発展に寄与する社会的機能分担の活動たる性質を有し，各人が自己のもつ個性を全うすべき場として，個人の人格的価値とも不可分の関連を有する……。右規定が職業選択の自由を基本的人権の一つとして保障したゆえんも，現代社会における職業のもつ右のような性格と意義にある……。そして，このような職業の性格と意義に照らすときは，職業は，ひとりその選択，すなわち職業の開始，継続，廃止において自由であるばかりでなく，選択した職業の遂行自体，すなわちその職業活動の内容，態様においても，原則として自由であることが要請されるのであり，したがって，右規定は，狭義における職業選択の自由のみならず，職業活動の自由の保障をも包含している……」。

　「もっとも，職業は，前述のように，本質的に社会的な，しかも主として経済的な活動であって，その性質上，社会的相互関連性が大きいものであるから，職業の自由は，それ以外の憲法の保障する自由，殊にいわゆる精神的自由に比較して，公権力による規制の要請がつよく，憲法22条1項が『公共の福祉に反しない限り』という留保のもとに職業選択の自由を認めたのも，特にこの点を強調する趣旨に出たものと考えられる。このように，職業は，それ自身のうちになんらかの制約の必要性が内在する社会的活動であるが，その種類，性質，内容，社会的意義及び影響がきわめて多種多様であるため，その規制を要求する社会的理由ないし目的も，国民経済の円満な発展や社会公共の便宜の促進，経済的弱者の保護等の社会政策及び経済政策上の積極的なものから，社会生活における安全の保障や秩序の維持等の消極的なものに至るまで千差万別で，その重要性も区々にわたる……。そしてこれに対応して，現実に職業の自由に対して加えられる制限も，あるいは特定の職業につき私人による遂行を一切禁止してこれを国家又は公共団体の専業とし，あるいは一定の条件をみたした者にのみこれを認め，更に，場合によっては，進んでそれらの者に職業の継続，遂行の義務を課し，あるいは職業の開始，継続，廃止の自由を認めながらその遂行の方法又は態様について規制する等，それぞれの事情に応じて各種各様の形をとることとなる……。それ故，これらの規制措置が憲法22条1項にいう公共の福祉のために要求されるものとし

て是認されるかどうかは，これを一律に論ずることができず，具体的な規制措置について，規制の目的，必要性，内容，これによって制限される職業の自由の性質，内容及び制限の程度を検討し，これらを比較考量したうえで慎重に決定されなければならない。この場合，右のような検討と考量をするのは，第一次的には立法府の権限と責務であり，裁判所としては，規制の目的が公共の福祉に合致するものと認められる以上，そのための規制措置の具体的内容及びその必要性と合理性については，立法府の判断がその合理的裁量の範囲にとどまるかぎり，立法政策上の問題としてその判断を尊重すべきものである。しかし，右の合理的裁量の範囲については，事の性質上おのずから広狭がありうるのであって，裁判所は，具体的な規制の目的，対象，方法等の性質と内容に照らして，これを決すべき」である。

職業の許可制の合憲性判断について，文章中の空欄を埋めなさい。

「職業の許可制は，法定の条件をみたし，許可を与えられた者のみにその職業の遂行を許し，それ以外の者に対してはこれを禁止するものであ……る。このような許可制が設けられる理由は多種多様で，それが憲法上是認されるかどうかも一律の基準をもって論じがたい……が，一般に許可制は，単なる職業活動の内容及び態様に対する規制を超えて，狭義における職業の選択の自由そのものに制約を課するもので，職業の自由に対する強力な制限であるから，その合憲性を肯定しうるためには，原則として，重要な公共の利益のために必要かつ合理的な措置であることを要し，また，それが社会政策ないしは経済政策上の積極的な目的のための措置ではなく，自由な職業活動が社会公共に対してもたらす弊害を防止するための消極的，警察的措置である場合には，許可制に比べて職業の自由に対するよりゆるやかな制限である職業活動の内容及び態様に対する規制によっては右の目的を十分に達成することができないと認められることを要する……。」「そして，この要件は，許可制そのものについてのみならず，その内容についても要求されるのであって，許可制の採用自体が是認される場合であっても，個々の許可条件については，更に個別的に右の要件に照らしてその適否を判断しなければならない……。」

薬局開設に対する許可制自体及び適正配置規制以外の許可条件の合憲性について，文章中の空欄を埋めなさい。

「医薬品は，国民の生命及び健康の保持上の必需品であるとともに，これと至大の関係を有するものであるから，不良医薬品の供給（不良調剤を含む。以下同じ。）から国民の健康と安全とをまもるために，業務の内容の規制のみならず，供給業者を一定の資格要件を具備する者に限定し，それ以外の者による開業を禁止する許可制を採用したことは，それ自体としては公共の福祉に適合する目的のための必要かつ合理的措置として肯認することができる……。」

「許可条件に関する基準をみると，薬事法6条……は，1項1号において薬局の構造設備につき，1号の2において薬局において薬事業務に従事すべき薬剤師の数につき，2号において許可申請者の人的欠格事由につき，それぞれ許可の条件を定め，2項においては，設置場所の配置の適正の観点から許可をしないことができる場合を認め，4項においてその具体的内容の規定を都道府県の条例に譲っている。これらの許可条件に関する基準のうち，同条1項各号に定めるものは，いずれも不良医薬品の供給の防止の目的に直結する事項であり，比較的容易にその必要性と合理性を肯定しうるものである……。」

薬局及び医薬品の一般販売業（以下，「薬局等」という。）の適正配置規制の立法目的及び理由について，文章中の空欄を埋めなさい。

薬事法6条2項，4項の適正配置規制に関する規定を設けた際の改正提案者は，「提案の理由として，一部地域における薬局等の乱設による過当競争のために一部業者に経営の不安定を生じ，その結果として施設の欠陥等による不良医薬品の供給の危険が生じるのを防止すること，及び薬局等の一部地域への偏在の阻止によって無薬局地域又は過少薬局地域への薬局の開設等を間接的に促進することの2点を挙げ，これらを通じて医薬品の供給（調剤を含む。以下同じ。）の適正をはかることがその趣旨であると説明しており，薬事法の性格及びその規定全体との関係からみても，この二点が右の適正配置規制の目的であるとともに，その中でも前者がその主たる目的をなし，後者は副次的，補充的目的であるにとどまると考えられる。これによると，右の適正配置規制は，主として国民の生命及び健康に対する危険の防止という消極的，警察的目的のための規制措置であり，そこで考えられている薬局等の過当競争及びその経営の不安定化の防止も，それ自体が目的ではなく，あくまでも不良医薬品の供給の防止のための手段であるにすぎない……。すなわち，小企業の多い薬局等の経営の保護というような社会政策的ないしは経済政策的目的は右の適正配置規制の意図するところではなく（この点において，最高裁昭和……47年11月22日……判決……で取り扱われた小売商業

調整特別措置法における規制とは趣きを異にし，……右判決において示された法理は，必ずしも本件の場合に適切ではない。)，また，一般に，国民生活上不可欠な役務の提供の中には，当該役務のもつ高度の公共性にかんがみ，その適正な提供の確保のために，法令によって，提供すべき役務の内容及び対価等を厳格に規制するとともに，更に役務の提供自体を提供者に義務づける等のつよい規制を施す反面，これとの均衡上，役務提供者に対してある種の独占的地位を与え，その経営の安定をはかる措置がとられる場合があるけれども，薬事法その他の関係法令は，医薬品の供給の適正化措置として右のような強力な規制を施してはおらず，したがって，その反面において既存の薬局等にある程度の独占的地位を与える必要も理由もなく，本件適正配置規制にはこのような趣旨，目的はなんら含まれていない……。」

　消極的警察的な「目的は，いずれも公共の福祉に合致するものであり，かつ，それ自体としては重要な公共の利益ということができるから，右の配置規制がこれらの目的のために必要かつ合理的であり，薬局等の業務執行に対する規制によるだけでは右の目的を達することができないとすれば，許可条件の一つとして地域的な適正配置基準を定めることは，憲法22条1項に違反するものとはいえない。」

　医薬品の供給上の著しい弊害が，薬局の開設等の許可につき地域的規制を施すことによって防止しなければならない必要性と合理性を肯定させるほどに，生じているものと合理的に認められるかどうかについてさらに検討すると，「薬局の開設等の許可における適正配置規制は，設置場所の制限にとどまり，開業そのものが許されないこととなるものではない。しかしながら，薬局等を自己の職業として選択し，これを開業するにあたっては，経営上の採算のほか，諸般の生活上の条件を考慮し，自己の希望する開業場所を選択するのが通常であり，特定場所における開業の不能は開業そのものの断念にもつながりうるものであるから，前記のような開業場所の地域的制限は，実質的には職業選択の自由に対する大きな制約的効果を有する……。」

　「現行法上国民の保健上有害な医薬品の供給を防止するために，薬事法は，医薬品の製造，貯蔵，販売の全過程を通じてその品質の保障及び保全上の種々の厳重な規制を設けているし，薬剤師法もまた，調剤について厳しい遵守規定を定めている。そしてこれらの規制違反に対しては，罰則及び許可又は免許の取消等の制裁が設けられているほか，不良医薬品の廃棄命令，施設の構造設備の改繕命令，薬剤師の増員命令，管理者変更命令等の行政上の是正措置が定められ，更に行政機関の立入検査権による強制調査も認められ，このような行政上の検査機構として薬事監視員が設けられている。これらはいずれも，薬事関係各種業者の業務活動に対する規制として定められているものであり，刑罰及び行政上の制裁と行政

的監督のもとでそれが励行，遵守されるかぎり，不良医薬品の供給の危険の防止という警察上の目的を十分に達成することができる……。もっとも，法令上いかに完全な行為規制が施され，その遵守を強制する制度上の手当がされていても，違反そのものを根絶することは困難であるから，不良医薬品の供給による国民の保健に対する危険を完全に防止するための万全の措置として，更に進んで違反の原因となる可能性のある事由をできるかぎり除去する予防的措置を講じることは，決して無意義ではなく，その必要性が全くないとはいえない。しかし，このような予防的措置として職業の自由に対する大きな制約である薬局の開設等の地域的制限が憲法上是認されるためには，単に右のような意味において国民の保健上の必要性がないとはいえないというだけでは足りず，このような制限を施さなければ右措置による職業の自由の制約と均衡を失しない程度において国民の保健に対する危険を生じさせるおそれのあることが，合理的に認められることを必要とする……。」

「ところで，薬局の開設等について地域的制限が存在しない場合，薬局等が偏在し，これに伴い一部地域において業者間に過当競争が生じる可能性があることは，さきに述べたとおりであり，このような過当競争の結果として一部業者の経営が不安定となるおそれがある……。……確かに，観念上はそのような可能性を否定することができない。しかし，果たして実際上どの程度にこのような危険があるかは，必ずしも明らかにされてはいない……。競争の激化―経営の不安定―法規違反という因果関係に立つ不良医薬品の供給の危険が，薬局等の段階において，相当程度の規模で発生する可能性があるとすることは，単なる観念上の想定にすぎず，確実な根拠に基づく合理的な判断とは認めがたい……。」

仮に上記のような危険発生を認めるとして，これに対する行政上の監督体制の強化等の手段によって有効にこれを防止することが不可能かどうかについて，「薬事監視員の増加には限度があり，したがって，多数の薬局等に対する監視を徹底することは実際上困難である……ことは否定できないが，しかし，そのような限界があるとしても，例えば，薬局等の偏在によって競争が激化している一部地域に限って重点的に監視を強化することによってその実効性を高める方途もありえないではなく，また，……医薬品の貯蔵その他の管理上の不備等は，不時の立入検査によって比較的容易に発見することができるような性質のものとみられること，更に医薬品の製造番号の抹消操作等による不正販売も，薬局等の段階で生じたものというよりは，むしろ，それ以前の段階からの加工によるのではないかと疑われること等を考え合わせると，供給業務に対する規制や監督の励行等によって防止しきれないような，専ら薬局等の経営不安定に由来する不良医薬品の供給の危険が相当程度において存すると断じるのは，合理性を欠く……。」

「本件適正配置規制は，右の目的と……国民の保健上の危険防止の目的との，

二つの目的のための手段としての措置であることを考慮に入れるとしても，全体としてその必要性と合理性を肯定しうるにはなお遠いものであり，この点に関する立法府の判断は，その合理的裁量の範囲を超えるものである……。」

　「以上のとおり，薬局の開設等の許可基準の一つとして地域的制限を定めた薬事法6条2項，4項（これらを準用する同法26条2項）は，不良医薬品の供給の防止等の目的のために必要かつ合理的な規制を定めたものということができないから，憲法22条1項に違反し，無効である。」

□　／　　□　／　　□　／

最大判昭47.11.22　小売市場距離制限事件合憲判決

小売市場の距離制限についての合憲性について，文章中の空欄を埋めなさい。

「憲法22条1項は，国民の基本的人権の一つとして，職業選択の自由を保障しており，そこで職業選択の自由を保障するというなかには，広く一般に，いわゆる営業の自由を保障する趣旨を包含しているものと解すべきであり，ひいては，憲法が，個人の自由な経済活動を基調とする経済体制を一応予定している……。しかし，憲法は，個人の経済活動につき，その絶対かつ無制限の自由を保障する趣旨ではなく，各人は，『公共の福祉に反しない限り』において，その自由を享有することができるにとどまり，公共の福祉の要請に基づき，その自由に制限が加えられることのあることは，右条項自体の明示するところである。」

「おもうに，右条項に基づく個人の経済活動に対する法的規制は，個人の自由な経済活動からもたらされる諸々の弊害が社会公共の安全と秩序の維持の見地から看過することができないような場合に，消極的に，かような弊害を除去ないし緩和するために必要かつ合理的な規制である限りにおいて許される……。のみならず，憲法の他の条項をあわせ考察すると，憲法は，全体として，福祉国家的理想のもとに，社会経済の均衡のとれた調和的発展を企図しており，その見地から，すべての国民にいわゆる生存権を保障し，その一環として，国民の勤労権を保障する等，経済的劣位に立つ者に対する適切な保護政策を要請している……。このような点を総合的に考察すると，憲法は，国の責務として積極的な社会経済政策の実施を予定しているものということができ，個人の経済活動の自由に関する限り，個人の精神的自由等に関する場合と異なって，右社会経済政策の実施の一手段として，これに一定の合理的規制措置を講ずることは，もともと，憲法が予定し，かつ，許容するところ……であり，国は，積極的に，国民経済の健全な発達と国民生活の安定を期し，もって社会経済全体の均衡のとれた調和的発展を図るために，立法により，個人の経済活動に対し，一定の規制措置を講ずることも，それが右目的達成のために必要かつ合理的な範囲にとどまる限り，許されるべきであって，決して，憲法の禁ずるところではない……。もっとも，個人の経済活動に対する法的規制は，決して無制限に許されるべきものではなく，その規制の対象，手段，態様等においても，自ら一定の限界が存する……。」

「ところで，社会経済の分野において，法的規制措置を講ずる必要があるかどうか，その必要があるとしても，どのような対象について，どのような手段・態様の規制措置が適切妥当であるかは，主として立法政策の問題として，立法府の裁量的判断にまつほかはない。というのは，法的規制措置の必要の有無や法的規

制措置の対象・手段・態様などを判断するにあたっては，その対象となる社会経済の実態についての正確な基礎資料が必要であり，具体的な法的規制措置が現実の社会経済にどのような影響を及ぼすか，その利害得失を洞察するとともに，広く社会経済政策全体との調和を考慮する等，相互に関連する諸条件についての適正な評価と判断が必要であって，このような評価と判断の機能は，まさに立法府の使命とするところであり，立法府こそがその機能を果たす適格を具えた国家機関であるというべきであるからである。したがって，右に述べたような個人の経済活動に対する法的規制措置については，立法府の政策的技術的な裁量に委ねるほかはなく，裁判所は，立法府の右裁量的判断を尊重するのを建前とし，ただ，立法府がその裁量権を逸脱し，当該法的規制措置が著しく不合理であることの明白である場合に限って，これを違憲として，その効力を否定することができる……。」

「これを本件についてみると，本法は，立法当時における中小企業保護政策の一環として成立したものであり，本法所定の小売市場を許可規制の対象としているのは，小売商が国民のなかに占める数と国民経済にける役割とに鑑み，本法1条の立法目的が示すとおり，経済的基盤の弱い小売商の事業活動の機会を適正に確保し，かつ，小売商の正常な秩序を阻害する要因を除去する必要があるとの判断のもとに，その一方策として，小売市場の乱設に伴う小売商相互間の過当競争によって招来されるであろう小売商の共倒れから小売商を保護するためにとられた措置であると認められ，一般消費者の利益を犠牲にして，小売商に対し積極的に流通市場における独占的利益を付与するためのものでない……。しかも，本法は，その所定形態の小売市場のみを規制の対象としているにすぎないのであって，小売市場内の店舗のなかに政令で指定する野菜，生鮮魚介類を販売する店舗が含まれない場合とか，所定の小売市場の形態をとらないで右政令指定物品を販売する店舗の貸与等をする場合には，これを本法の規制対象から除外するなど，過当競争による弊害が特に顕著と認められる場合についてのみ，これを規制する趣旨である……。これらの諸点からみると，本法所定の小売市場の許可規制は，国が社会経済の調和的発展を企図するという観点から中小企業保護政策の一方策としてとった措置ということができ，その目的において，一応の合理性を認めることができないわけではなく，また，その規制の手段・態様においても，それが著しく不合理であることが明白であるとは認められない。そうすると，本法3条1項，同法施行令1条，2条所定の小売市場の許可規制が憲法22条1項に違反するものとすることができないことは明らか」である。

□　／　　□　／　　□　／

最判平4.12.15　酒類販売業免許拒否処分取消請求事件

租税立法の合憲性について，文章中の空欄を埋めなさい。

「租税の適正かつ確実な賦課徴収を図るという国家の財政目的のための職業の許可制による規制については，その必要性と合理性についての立法府の判断が，右の政策的，技術的な裁量の範囲を逸脱するもので，著しく不合理なものでない限り，これを憲法22条1項の規定に違反するものということはできない。」

「酒税法は，酒類には酒税を課するものとし（1条），酒類製造者を納税義務者と規定し（6条1項），酒類等の製造及び酒類の販売業について免許制を採用している（7ないし10条）。これは，酒類の消費を担税力の表れであると認め，酒類についていわゆる間接消費税である酒税を課することとするとともに，その賦課徴収に関しては，いわゆる庫出税方式によって酒類製造者にその納税義務を課し，酒類販売業者を介しての代金の回収を通じてその税負担を最終的な担税者である消費者に転嫁するという仕組みによることとし，これに伴い，酒類の製造及び販売業について免許制を採用したものである。酒税法は，酒税の確実な徴収とその税負担の消費者への円滑な転嫁を確保する必要から，このような制度を採用したものと解される。酒税が，沿革的に見て，国税全体に占める割合が高く，これを確実に徴収する必要性が高い税目であるとともに，酒類の販売代金に占める割合も高率であったことにかんがみると，酒税法が……改正により，酒税の適正かつ確実な賦課徴収を図るという国家の財政目的のために，このような制度を採用したことは，当初は，その必要性と合理性があったというべきであり，酒税の納税義務者とされた酒類製造者のため，酒類の販売代金の回収を確実にさせることによって消費者への酒税の負担の円滑な転嫁を実現する目的で，これを阻害するおそれのある酒類販売業者を免許制によって酒類の流通過程から排除することとしたのも，酒税の適正かつ確実な賦課徴収を図るという重要な公共の利益のために採られた合理的な措置であった……。その後の社会状況の変化と租税法体系の変遷に伴い，酒税の国税全体に占める割合等が相対的に低下するに至った本件処分当時の時点においてもなお，酒類販売業について免許制度を存置しておくことの必要性及び合理性については，議論の余地があることは否定できないとしても，前記のような酒税の賦課徴収に関する仕組みがいまだ合理性を失うに至っているとはいえないと考えられることに加えて，酒税は，本来，消費者にその負担が転嫁されるべき性質の税目であること，酒類の販売免許制度によって規制されるのが，そもそも，致酔性を有する嗜好品である性質上，販売秩序維持等の観点からもその販売について何らかの規制が行われてもやむを得ないと考えられる

商品である酒類の販売の自由にとどまることをも考慮すると，当時においてなお酒類販売業免許制度を存置すべきものとした立法府の判断が，前記のような政策的，技術的な裁量の範囲を逸脱するもので，著しく不合理であるとまでは断定し難い。」

　「もっとも，右のような職業選択の自由に対する規制措置については，当該免許制度の下における具体的な免許基準との関係においても，その必要性と合理性が認められるものでなければならないことはいうまでもない……。そこで，本件処分の理由とされた酒税法10条10号の免許基準について検討するのに，同号は，免許の申請者が破産者で復権を得ていない場合その他その経営の基礎が薄弱であると認められる場合に，酒類販売業の免許を与えないことができる旨を定めるものであって，酒類製造者において酒類販売代金の回収に困難を来すおそれがあると考えられる最も典型的な場合を規定したものということができ，右基準は，酒類の販売免許制度を採用した前記のような立法目的からして合理的なものということができる。また，同号の規定が不明確で行政庁のし意的判断を許すようなものであるとも認め難い。そうすると，酒税法9条，10条10号の規定が，立法府の裁量の範囲を逸脱するもので，著しく不合理であるということはできず，右規定が憲法22条1項に違反するものということはできない。」

□　／　　□　／　　□　／

最大判昭33.9.10　帆足計事件

海外渡航の自由について，文章中の空欄を埋めなさい。

　憲法22条2項が保障する「外国旅行の自由といえども無制限のままに許されるものではなく，公共の福祉のために合理的な制限に服する……。……旅券法13条1項5号は……外国旅行の自由に対し，公共の福祉のために合理的な制限を定めたものとみることが」できる。

　「日本国の利益又は公安を害する行為を将来行う虞ある場合においても，なおかつその自由を制限する必要のある場合のあり得ることはあきらかであるから，同条をことさら……『明白かつ現在の危険がある』場合に限ると解すべき理由はない。」「著しくかつ直接に日本国の利益又は公安を害する虞があるものと判断して，旅券の発給を拒否した外務大臣の処分は，これを違法ということができない。」

　「占領治下我国の当面する国際情勢の下においては，X等がモスコー国際経済会議に参加することは，著しくかつ直接に日本国の利益又は公安を害する虞れがあるものと判断して，旅券の発給を拒否した外務大臣の処分は，これを違法ということはできない……。」

□　／　□　／　□　／

最大判昭62.4.22　森林法共有事件

　共有森林につき持分価格 2 分の 1 以下の共有者の分割請求権を否定する森林法
186条の規定の合憲性について，文章中の空欄を埋めなさい。

　「憲法29条は，1 項において『財産権は，これを侵してはならない。』と規定し，
2 項において『財産権の内容は，公共の福祉に適合するやうに，法律でこれを定
める。』と規定し，私有財産制度を保障しているのみでなく，社会的経済的活動
の基礎をなす国民の個々の財産権につきこれを基本的人権として保障するととも
に，社会全体の利益を考慮して財産権に対し制約を加える必要性が増大するに至
ったため，立法府は公共の福祉に適合する限り財産権について規制を加えること
ができる，としている……。」

　「財産権は，それ自体に内在する制約があるほか，右のとおり立法府が社会全
体の利益を図るために加える規制により制約を受けるものであるが，この規制は，
財産権の種類，性質等が多種多様であり，また，財産権に対し規制を要求する社
会的理由ないし目的も，社会公共の便宜の促進，経済的弱者の保護等の社会政策
及び経済政策上の積極的なものから，社会生活における安全の保障や秩序の維持
等の消極的なものに至るまで多岐にわたるため，種々様々でありうる……。した
がって，財産権に対して加えられる規制が憲法29条 2 項にいう公共の福祉に適
合するものとして是認されるべきものであるかどうかは，規制の目的，必要性，
内容，その規制によって制限される財産権の種類，性質及び制限の程度等を比較
考量して決すべきものであるが，裁判所としては，立法府がした右比較考量に基
づく判断を尊重すべきものであるから，立法の規制目的が前示のような社会的理
由ないし目的に出たとはいえないものとして公共の福祉に合致しないことが明ら
かであるか，又は規制目的が公共の福祉に合致するものであっても規制手段が右
目的を達成するための手段として必要性若しくは合理性に欠けていることが明ら
かであって，そのため立法府の判断が合理的裁量の範囲を超えるものとなる場合
に限り，当該規制立法が憲法29条 2 項に違背するものとして，その効力を否定
することができる……（最高裁昭和……50年 4 月30日……判決（注：薬局距離
制限規定違憲判決）……参照）。」

　「……このように，共有物分割請求権は，各共有者に近代市民社会における原
則的所有形態である単独所有への移行を可能ならしめ，右のような公益的目的を
も果たすものとして発展した権利であり，共有の本質的属性として，持分権の処
分の自由とともに，民法において認められるに至ったものである。

　したがって，当該共有物がその性質上分割することのできないものでない限り，

分割請求権を共有者に否定することは，憲法上，財産権の制限に該当し，かかる制限を設ける立法は，憲法29条２項にいう公共の福祉に適合することを要するものと解すべきところ，共有森林はその性質上分割することのできないものに該当しないから，共有森林につき持分価額２分の１以下の共有者に分割請求権を否定している森林法186条は，公共の福祉に適合するものといえないときは，違憲の規定として，その効力を有しない……」

森林法186条の立法目的は，「森林の細分化を防止することによって森林経営の安定を図り，ひいては森林の保続培養と森林の生産力の増進を図り，もって国民経済の発展に資することにあると解すべきである。同法186条の立法目的は，以上のように解される限り，公共の福祉に合致しないことが明らかであるとはいえない」。

森林の共有者は「当該森林の経営につき相互に協力すべき権利義務を負うに至るものではないから，森林が共有であることと森林の共同経営とは直接関連するものとはいえない」。また，「共有者間，ことに持分の価額が相等しい２名の共有者間において，共有物の管理又は変更等をめぐって意見の対立，紛争が生ずるに至ったときは，各共有者は，共有森林につき，同法252条但書に基づき保存行為をなしうるにとどまり，管理又は変更の行為を適法にすることができないこととなり，ひいては当該森林の荒廃という事態を招来する」。したがって，立法目的と同条が共有森林につき持分価額２分の１以下の共有者に分割請求権を否定したこととの間に合理的関連性はない。

森林法は単独所有に係る森林の所有者が森林を「細分化し，分割後の各森林を第三者に譲渡すること」や共有森林の共有者が「協議による現物分割」をすることを許容しているのだから，「共有森林につき持分価額２分の１以下の共有者に限って，他の場合に比し，当該森林の細分化を防止することによって森林経営の安定を図らなければならない社会的必要性が強く存する」とはいえない。「にもかかわらず，森林法186条が分割を許さないとする森林の範囲及び期間のいずれについても限定を設けていないため，同条所定の分割の禁止は，必要な限度を超える極めて厳格なものとなっている。」

「更に，民法258条による共有物分割の方法について」は「現物分割においても，当該共有物の性質又は共有状態に応じた合理的な分割をすることが可能であるから，共有森林につき現物分割をしても直ちにその細分化を来すものとはいえないし，また，同条２項は，競売による代金分割の方法をも規定しているのであり，この方法により一括競売がされるときは，当該共有森林の細分化という結果は生じない。」

したがって，「森林法186条が共有森林につき持分価額２分の１以下の共有者に一律に分割請求権を否定しているのは，同条の立法目的を達成するについて必

要な限度を超えた不必要な規制」である。

　「以上のとおり，森林法186条が共有森林につき持分価額2分の1以下の共有者に民法256条1項所定の分割請求権を否定しているのは，森林法186条の立法目的との関係において，合理性と必要性のいずれをも肯定することのできないことが明らかであって，この点に関する立法府の判断は，その合理的裁量の範囲を超えるものであるといわなければならない。したがって，同条は，憲法29条2項に違反し，無効……であるから，共有森林につき持分価額2分の1以下の共有者についても民法256条1項本文の適用がある……。」

□___／___□___／___□___／___

最大判昭43.11.27　河川付近地制限令違反事件

憲法29条3項について，文章中の空欄を埋めなさい。

「この種の制限は，公共の福祉のためにする<u>一般的な制限</u>であり，原則的には，何人もこれを受忍すべきものである」。「同令の定め自体としては，<u>特定の人</u>に対し，特別に財産上の犠牲を強いるものとはいえないから，右の程度の制限を課するには損失補償を要件とするものではな」い。

もっとも，Xは相当の損失を被るために，「その財産上の犠牲は，公共のために必要な制限によるものとはいえ，単に一般的に当然に受忍すべきものとされる制限の範囲をこえ，<u>特別の犠牲</u>を課したものとみる余地が全くないわけではなく，憲法29条3項の趣旨に照らし，……本件Xの被った現実の損失については，その補償を請求することができるものと解する余地がある」。

「したがって，仮りにXに損失があったとしても補償することを要しない」とすることはできない。

「しかし，同令4条2号による制限について同条に<u>損失補償に関する規定</u>がないからといって，同条があらゆる場合について一切の損失補償を全く否定する趣旨とまでは解されず，本件Xも，その損失を具体的に主張立証して，別途，<u>直接憲法29条3項を根拠</u>にして，補償請求をする余地が全くないわけではないから，単に一般的な場合について，当然に受忍すべきものとされる制限を定めた同令4条2号およびこの制限違反について罰則を定めた同令10条の各規定を直ちに<u>違憲無効の規定</u>と解すべきではない。」

最大判昭37.11.28　第三者所有物没収事件

　関税法118条1項によって第三者の所有物を没収するすることの適法性について，文章中の空欄を埋めなさい。

「関税法118条1項の規定による没収は，同項所定の犯罪に関係ある船舶，貨物等で同項但書に該当しないものにつき，被告人の所有に属すると否とを問わず，その所有権を剥奪して国庫に帰属せしめる処分であって，被告人以外の第三者が所有者である場合においても，被告人に対する附加刑としての没収の言渡により，当該第三者の所有権剥奪の効果を生ずる」。

「第三者の所有物を没収する場合において，その没収に関して当該所有者に対し，何ら告知，弁解，防禦の機会を与えることなく，その所有権を奪うことは，著しく不合理であって，憲法の容認しないところであるといわなければならない。けだし，憲法29条1項は，財産権は，これを侵してはならないと規定し，また同31条は，何人も，法律の定める手続によらなければ，その生命若しくは自由を奪われ，又はその他の刑罰を科せられないと規定しているが，前記第三者の所有物の没収は，被告人に対する附加刑として言い渡され，その刑事処分の効果が第三者に及ぶものであるから，所有物を没収せられる第三者についても，告知・弁解・防御の機会を与えることが必要であって，これなくして第三者の所有物を没収することは適正な法律手続によらないで，財産権を侵害する制裁を科するに外ならないからである。」

「そして，このことは，右第三者に，事後においていかなる権利救済の方法が認められるかということとは，別個の問題である。然るに，関税法118条1項は，同項所定の犯罪に関係ある船舶，貨物等が被告人以外の第三者の所有に属する場合においてもこれを没収する旨規定しながら，その所有者たる第三者に対し，告知，弁解，防禦の機会を与えるべきことを定めておらず，また刑訴法その他の法令においても，何らかかる手続に関する規定を設けていないのである。従って，前記関税法118条1項によって第三者の所有物を没収することは，憲法31条，29条に違反する……。」

□___／___□___／___□___／___

最大判平4.7.1　成田新法事件

憲法31条が行政手続に適用されるかについて，文章中の空欄を埋めなさい。

「憲法31条の定める法定手続の保障は，直接には刑事手続に関するものであるが，行政手続については，それが刑事手続ではないとの理由のみで，そのすべてが当然に同条による保障の枠外にあると判断することは相当ではない。

　しかしながら，同条による保障が及ぶと解すべき場合であっても，一般に，行政手続は，刑事手続とその性質においておのずから差異があり，また，行政目的に応じて多種多様であるから，行政処分の相手方に事前の告知，弁解，防御の機会を与えるかどうかは，行政処分により制限を受ける権利利益の内容，性質，制限の程度，行政処分により達成しようとする公益の内容，程度，緊急性等を総合較量して決定されるべきものであって，常に必ずそのような機会を与えることを必要とするものではないと解するのが相当である」

「本法3条1項に基づく工作物使用禁止命令により制限される権利利益の内容，性質は，……当該工作物の三態様（注：(1)多数の暴力主義的破壊活動者の集合の用に供すること，(2)暴力主義的破壊活動等に使用され，又は使用されるおそれがあると認められる爆発物，火炎びん等の物の製造又は保管の場所の用に供すること，又は(3)新空港又はその周辺における航空機の航行に対する暴力主義的破壊活動者による妨害の用に供することの三態様）における使用であり，右命令により達成しようとする公益の内容，程度，緊急性等は，……新空港の設置，管理等の安全という国家的，社会経済的，公益的，人道的見地からその確保が極めて強く要請されているものであって，高度かつ緊急の必要性を有するものであることなどを総合較量すれば，右命令をするに当たり，その相手方に対し事前に告知，弁解，防御の機会を与える旨の規定がなくても，本法3条1項が憲法31条の法意に反するものということはできない。」

□ ／ □ ／ □ ／

最大判昭47.11.22　川崎民商事件

憲法35条が行政手続に適用されるかについて，文章中の空欄を埋めなさい。

「所論のうち，憲法35条違反をいう点は，旧所得税法……規定が裁判所の令状なくして強制的に検査することを認めているのは違憲である旨の主張である。たしかに，旧所得税法……の規定する検査拒否に対する罰則は，同法……所定の収税官吏による当該帳簿等の検査の受忍をその相手方に対して強制する作用を伴なうものであるが，同法……所定の収税官吏の検査は，もっぱら，所得税の公平確実な賦課徴収のために必要な資料を収集することを目的とする手続であって，その性質上，刑事責任の追及を目的とする手続ではない」「また，右検査の結果過少申告の事実が明らかとなり，ひいて所得税逋脱の事実の発覚にもつながるという可能性が考えられないわけではないが，そうであるからといって，右検査が，実質上，刑事責任追及のための資料の取得収集に直接結びつく作用を一般的に有するものと認めるべきことにはならない。」「さらに，この場合の強制の態様は，収税官吏の検査を正当な理由がなく拒む者に対し，同法……条所定の刑罰を加えることによって，間接的心理的に右検査の受忍を強制しようとするものであり，かつ，右の刑罰が行政上の義務違反に対する制裁として必ずしも軽微なものとはいえないにしても，その作用する強制の度合いは，それが検査の相手方の自由な意思をいちじるしく拘束して，実質上，直接的物理的な強制と同視すべき程度にまで達しているものとは，いまだ認めがたい……。国家財政の基本となる徴税権の適正な運用を確保し，所得税の公平確実な賦課徴収を図るという公益上の目的を実現するために収税官吏による実効性のある検査制度が欠くべからざるものであることは，何人も否定しがたいものであるところ，その目的，必要性にかんがみれば，右の程度の強制は，実効性確保の手段として，あながち不均衡，不合理なものとはいえない……。」

「憲法35条1項の規定は，本来，主として刑事責任追及の手続における強制について，それが司法権による事前の抑制の下におかれるべきことを保障した趣旨であるが，当該手続が刑事責任追及を目的とするものでないとの理由のみで，その手続における一切の強制が当然に右規定による保障の枠外にあると判断することは相当ではない。しかしながら，前に述べた諸点を総合して判断すれば，旧所得税法……に規定する検査は，あらかじめ裁判官の発する令状によることをその一般的要件としないからといって，これを憲法35条の法意に反するものとすることはでき」ない。

憲法38条が行政手続に適用されるかについて，文章中の空欄を埋めなさい。

「所論のうち，憲法38条違反をいう点は，旧所得税法……規定に基づく検査，質問の結果，所得税逋脱……の事実が明らかになれば，税務職員は右の事実を告発できるのであり，右検査，質問は，刑事訴追をうけるおそれのある事項につき供述を強要するもので違憲である旨の主張である。」

「しかし，同法……に規定する検査が，もっぱら<u>所得税の公平確実な賦課徴収</u>を目的とする手続であって，<u>刑事責任の追及を目的とする</u>手続ではなく，また，そのための資料の取得収集に直接結びつく作用を一般的に有するものでもないこと，および，このような検査制度に公益上の必要性と合理性の存することは，前示のとおりであり，これらの点については，同法……に規定する質問も同様であると解すべきである。そして，憲法38条1項の法意が，<u>何人も自己の刑事上の責任を問われるおそれのある事項について供述を強要されないこと</u>を保障したものであると解すべきことは，当裁判所大法廷の判例……とするところであるが，右規定による保障は，純然たる刑事手続においてばかりではなく，それ以外の手続においても，実質上，<u>刑事責任追及のための資料の取得収集に直接結びつく作用を一般的に有する手続</u>には，ひとしく及ぶ……。しかし，旧所得税法……の検査，質問の性質が上述のようなものである以上，右各規定そのものが憲法38条1項にいう『自己に不利益な供述』を強要するものとすることはでき」ない。

□　／　□　／　□　／

最大判平14.9.11　郵便法違憲判決

郵便法68条，73条の合憲性について，文章中の空欄を埋めなさい。

「憲法17条は，……立法府に無制限の裁量権を付与するといった法律に対する白紙委任を認めているものではない。そして，公務員の不法行為による国又は公共団体の損害賠償責任を免除し，又は制限する法律の規定が同条に適合するものとして是認されるものであるかどうかは，当該行為の態様，これによって侵害される法的利益の種類及び侵害の程度，免責又は責任制限の範囲及び程度等に応じ，当該規定の目的の正当性並びにその目的達成の手段として免責又は責任制限を認めることの合理性及び必要性を総合的に考慮して判断すべきである。」

「郵便法は，『郵便の役務をなるべく安い料金で，あまねく，公平に提供することによって，公共の福祉を増進すること』を目的として制定されたものであり（法1条），法68条，73条が規定する免責又は責任制限もこの目的を達成するために設けられたものであると解される。すなわち，郵便官署は，限られた人員と費用の制約の中で，日々大量に取り扱う郵便物を，送達距離の長短，交通手段の地域差にかかわらず，円滑迅速に，しかも，なるべく安い料金で，あまねく，公平に処理することが要請されているのである。……したがって，郵便法68条，73条が郵便物に関する損害の対象及び範囲に限定を加えた目的は正当なものである。」

以上のような「郵便事業の特質は，書留郵便物についても異なるものではないから，法1条に定める目的を達成するため，郵便業務従事者の軽過失による不法行為に基づき損害が生じたにとどまる場合には，法68条，73条に基づき国の損害賠償責任を免除し，又は制限することは，……憲法17条に違反するものではない……。

しかしながら，……書留郵便物について，郵便業務従事者の故意又は重大な過失による不法行為に基づき損害が生ずるようなことは，通常の職務規範に従って業務執行がされている限り，ごく例外的な場合にとどまるはずであって，このような事態は，書留の制度に対する信頼を著しく損なうものといわなければならない。そうすると，このような例外的な場合にまで国の損害賠償責任を免除し，又は制限しなければ法1条に定める目的を達成することができないとは到底考えられず，郵便業務従事者の故意又は重大な過失による不法行為についてまで免責又は責任制限を認める規定に合理性があるとは認め難い。」として，書留郵便物（特別送達郵便物はこれに含まれる）について，法68条，73条の規定のうち，郵便業務従事者の故意又は重大な過失によって損害が生じた場合に，不法行為に基づく国の損害賠償責任を免除し，又は制限している部分は，憲法17条に違反して

無効とした。

　次に「特別送達郵便物については，郵便業務従事者の<u>軽過失</u>による不法行為から生じた損害の賠償責任を肯定したからといって，直ちに，法の目的の達成が害されるとはいえず，」郵便法68条,73条「に規定する免責又は責任制限に合理性，必要性があるということは困難であり，そのような免責又は責任制限の規定を設けたことは，憲法17条が<u>立法府</u>に付与した<u>裁量の範囲を逸脱</u>したものである。」として，特別送達郵便物については軽過失の場合の免責，責任制限部分も違憲とした。

最判平9.3.13　拡大連座制の合憲性

拡大連座制の合憲性について，文章中の空欄を埋めなさい。

　「公職選挙法251条の3第1項は，いわゆる連座の対象者を選挙運動の総括主宰者等重要な地位の者に限っていた従来の連座制ではその効果が乏しく選挙犯罪を十分抑制することができなかったという我が国における選挙の実態にかんがみ，公明かつ適正な公職選挙を実現するため，公職の候補者等に組織的選挙運動管理者等が選挙犯罪を犯すことを防止するための選挙浄化の義務を課し」，これを怠った場合に当該候補者個人に制裁を加えることによって「選挙の公明，適正を回復するという趣旨で設けられたもの」である。「法251条の3の規定は，このように，民主主義の根幹をなす公職選挙の公明，適正を厳粛に保持するという極めて重要な法益を実現するために定められたものであって，その立法目的は合理的である」。

　また，連座適用範囲や立候補禁止期間，及び対象となる選挙の範囲も限定されており，「さらに，選挙犯罪がいわゆるおとり行為又は寝返り行為によってなされた場合には免責することとしているほか，当該候補者が選挙犯罪行為の発生を防止するため相当の注意を尽くすことにより連座を免れる」ことに鑑みれば，「このような規制は前記立法目的を達成するための手段として必要かつ合理的なもの」というべきであり，「法251条の3の規定は，憲法前文，1条，15条，21条及び31条に違反するものではない」。「以上のように解すべきことは，最高裁昭和……37年3月4日大法廷判決……，最高裁昭和…37年3月14日大法廷判決……及び最高裁昭和……30年2月9日大法廷判決……の趣旨に徴して明らかである。」

□　／　　□　／　　□　／

最大判昭57.7.7　堀木訴訟

生活保護受給権を制限する法律が憲法25条に違反しないかについて，文章中の空欄を埋めなさい。

「憲法25条の規定は，国権の作用に対し，一定の目的を設定しその実現のための積極的な発動を期待するという性質のものである。しかも，右規定にいう『健康で文化的な最低限度の生活』なるものは，きわめて抽象的・相対的な概念であって，その具体的内容は，その時々における文化の発達の程度，経済的・社会的条件，一般的な国民生活の状況等との相関関係において判断決定されるべきものであるとともに，右規定を現実の立法として具体化するに当たっては，国の財政事情を無視することができず，また，多方面にわたる複雑多様な，しかも高度の専門技術的な考察とそれに基づいた政策的判断を必要とするものである。したがって，憲法25条の規定の趣旨にこたえて具体的にどのような立法措置を講ずるかの選択決定は，立法府の広い裁量にゆだねられており，それが著しく合理性を欠き明らかに裁量の逸脱・濫用と見ざるをえないような場合を除き，裁判所が審査判断するのに適しない事柄である……。」

「併給調整条項の設定について考えるのに，……国民年金法上の障害福祉年金といい，また，……児童扶養手当といい，いずれも憲法25条の規定の趣旨を実現する目的をもって設定された社会保障法上の制度であり，それぞれ所定の事由に該当する者に対して年金又は手当という形で一定額の金員を支給することをその内容とする……。……児童扶養手当は，もともと国民年金法61条所定の母子福祉年金を補完する制度として設けられたものと見るのを相当とするのであり，児童の養育者に対する養育に伴う支出についての保障であることが明らかな児童手当法所定の児童手当とはその性格を異にし，受給者に対する所得保障である点において，前記母子福祉年金ひいては国民年金法所定の国民年金（公的年金）一般，したがってその一種である障害福祉年金と基本的に同一の性格を有するもの，と見るのがむしろ自然である。そして，一般に，社会保障法制上，同一人に同一の性格を有する二以上の公的年金が支給されることとなるべき，いわゆる複数事故において，そのそれぞれの事故それ自体としては支給原因である稼得能力の喪失又は低下をもたらすものであっても，事故が二以上重なったからといって稼得能力の喪失又は低下の程度が必ずしも事故の数に比例して増加するといえない……。このような場合について，社会保障給付の全般的公平を図るため公的年金相互間における併給調整を行うかどうかは，……立法府の裁量の範囲に属する事柄と見るべきである。また，この種の立法における給付額の決定も，立法政策上

の裁量事項であり，それが低額であるからといって当然に憲法25条違反に結びつくものということはできない。」

生活保護受給権を制限する法律が憲法14条1項に違反しないかについて，文章中の空欄を埋めなさい。

「次に，本件併給調整条項がXのような地位にある者に対してその受給する障害福祉年金と児童扶養手当との併給を禁じたことが憲法14条……に違反するかどうかについて見るのに，憲法25条の規定の要請にこたえて制定された法令において，受給者の範囲，支給要件，支給金額等につきなんら合理的理由のない不当な差別的取扱をしたり，あるいは個人の尊厳を毀損するような内容の定めを設けているときは，別に……憲法14条……違反の問題を生じうることは否定しえない……。しかしながら，本件併給調整条項の適用により，Xのように障害福祉年金を受けることができる地位にある者とそのような地位にない者との間に児童扶養手当の受給に関して差別を生ずることになるとしても，さきに説示したところに加えて原判決の指摘した諸点，とりわけ身体障害者，母子に対する諸施策及び生活保護制度の存在などに照らして総合的に判断すると，右差別がなんら合理的理由のない不当なものであるとはいえない。」

□ ／ □ ／ □ ／

最大判昭42.5.24　朝日訴訟

　生活保護法を前提とする厚生大臣の保護基準設定行為の違法性について，文章中の空欄を埋めなさい。

　「憲法25条１項は，……すべての国民が健康で文化的な最低限度の生活を営み得るように国政を運営すべきことを国の責務として宣言したにとどまり，直接個々の国民に対して具体的権利を賦与したものではない……。具体的権利としては，憲法の規定の趣旨を実現するために制定された生活保護法によって，はじめて与えられている……。生活保護法は，『この法律の定める要件』を満たす者は，『この法律による保護』を受けることができると規定し（２条参照），その保護は，厚生大臣の設定する基準に基づいて行なうものとしているから（８条１項参照），右の権利は，厚生大臣が最低限度の生活水準を維持するにたりると認めて設定した保護基準による保護を受け得ることにある……。」「健康で文化的な最低限度の生活なるものは，抽象的な相対的概念であり，その具体的内容は，文化の発達，国民経済の進展に伴って向上するのはもとより，多数の不確定的要素を綜合考量してはじめて決定できるものである。したがって，何が健康で文化的な最低限度の生活であるかの認定判断は，いちおう，厚生大臣の合目的的な裁量に委されており，その判断は，当不当の問題として政府の政治責任が問われることはあっても，直ちに違法の問題を生ずることはない。ただ，現実の生活条件を無視して著しく低い基準を設定する等憲法および生活保護法の趣旨・目的に反し，法律によって与えられた裁量権の限界をこえた場合または裁量権を濫用した場合には，違法な行為として司法審査の対象となる……。」「原判決は，保護基準設定行為を行政処分たる覊束裁量行為であると解し，なにが健康で文化的な最低限度の生活であるかは，厚生大臣の専門技術的な裁量に委されていると判示し，その判断の誤りは，法の趣旨・目的を逸脱しないかぎり，当不当の問題にすぎないものであるとした。覊束裁量行為といっても行政庁に全然裁量の余地が認められていないわけではないので，原判決が保護基準設定行為を覊束裁量行為と解しながら，そこに厚生大臣の専門技術的裁量の余地を認めたこと自体は，理由齟齬の違法をおかしたものではない。また，原判決が本件生活保護基準の適否を判断するにあたって考慮したいわゆる生活外的要素というのは，当時の国民所得ないしその反映である国の財政状態，国民の一般的生活水準，都市と農村における生活の格差，低所得者の生活程度とこの層に属する者の全人口において占める割合，生活保護を受けている者の生活が保護を受けていない多数貧困者の生活より優遇されているのは不当であるとの一部の国民感情および予

算配分の事情である。以上のような諸要素を考慮することは，保護基準の設定について厚生大臣の裁量のうちに属することであって，その判断については，法の趣旨・目的を逸脱しないかぎり，当不当の問題を生ずるにすぎないのであって，違法の題題を生ずることはない。」

　「本件生活扶助基準が入院入所患者の最低限度の日用品費を支弁するにたりるとした厚生大臣の認定判断は，与えられた裁量権の限界をこえまたは裁量権を濫用した違法があるものとはとうてい断定することができない。」

□　／　□　／　□　／

最大判昭51.5.21　旭川学テ事件

憲法26条と子どもの学習権について，文章中の空欄を埋めなさい。

　憲法26条の「規定は，福祉国家の理念に基づき，国が積極的に教育に関する諸施設を設けて国民の利用に供する責務を負うことを明らかにするとともに，子どもに対する基礎的教育である普通教育の絶対的必要性にかんがみ，親に対し，その子女に普通教育を受けさせる義務を課し，かつ，その費用を国において負担すべきことを宣言したものであるが，この規定の背後には，国民各自が，一個の人間として，また，一市民として，成長，発達し，自己の人格を完成，実現するために必要な学習をする固有の権利を有すること，特に，みずから学習することのできない子どもは，その学習要求を充足するための教育を自己に施すことを大人一般に対して要求する権利を有するとの観念が存在している……。換言すれば，子どもの教育は，教育を施す者の支配的権能ではなく，何よりもまず，子どもの学習をする権利に対応し，その充足をはかりうる立場にある者の責務に属するものとしてとらえられている……。」

　「しかしながら，このように，子どもの教育が，専ら子どもの利益のために，教育を与える者の責務として行われるべきものであるということからは，このような教育の内容及び方法を，誰がいかにして決定すべく，また，決定することができるかという問題に対する一定の結論は，当然には導き出されない。すなわち，同条が，子どもに与えるべき教育の内容は，国の一般的な政治的意思決定手続によって決定されるべきか，それともこのような政治的意思の支配，介入から全く自由な社会的，文化的領域内の問題として決定，処理されるべきかを，直接一義的に決定していると解すべき根拠は，どこにもみあたらない……。」

憲法23条の内容について，文章中の空欄を埋めなさい。

　「学問の自由を保障した憲法23条により，学校において現実に子どもの教育の任にあたる教師は，教授の自由を有し，公権力による支配，介入を受けないで自由に子どもの教育内容を決定することができるとする見解も，採用することができない。確かに，憲法の保障する学問の自由は，単に学問研究の自由ばかりでなく，その結果を教授する自由をも含むと解されるし，更にまた，……普通教育の場においても，例えば教師が公権力によって特定の意見のみを教授することを強制されないという意味において，また，子どもの教育が教師と子どもとの間の直接の人格的接触を通じ，その個性に応じて行われなければならないという本質的

要請に照らし，教授の具体的内容及び方法につきある程度自由な裁量が認められなければならないという意味においては，一定の範囲における教授の自由が保障される……。しかし，大学教育の場合には，学生が一応教授内容を批判する能力を備えていると考えられるのに対し，普通教育においては，児童生徒にこのような能力がなく，教師が児童生徒に対して強い影響力，支配力を有することを考え，また，……子どもの側に学校や教師を選択する余地が乏しく，教育の機会均等をはかる上からも全国的に一定の水準を確保すべき強い要請があること等に思いをいたすときは，普通教育における教師に完全な教授の自由を認めることは，とうてい許されない……。」

親の教育の自由と国の教育内容の決定権について，文章中の空欄を埋めなさい。

「まず親は，子どもに対する自然的関係により，子どもの将来に対して最も深い関心をもち，かつ，配慮をすべき立場にある者として，子どもの教育に対する一定の支配権，すなわち子女の教育の自由を有すると認められるが，このような親の教育の自由は，主として家庭教育等学校外における教育や学校選択の自由にあらわれるものと考えられるし，また，私学教育における自由や前述した教師の教授の自由も，それぞれ限られた一定の範囲においてこれを肯定するのが相当であるけれども，それ以外の領域においては，一般に社会公共的な問題について国民全体の意思を組織的に決定，実現すべき立場にある国は，国政の一部として広く適切な教育政策を樹立，実施すべく，また，しうる者として，憲法上は，あるいは子ども自身の利益の擁護のため，あるいは子どもの成長に対する社会公共の利益と関心にこたえるため，必要かつ相当と認められる範囲において，教育内容についてもこれを決定する権能を有する……。もとより，政党政治の下で多数決原理によってされる国政上の意思決定は，さまざまな政治的要因によって左右されるものであるから，本来人間の内面的価値に関する文化的な営みとして，党派的な政治的観念や利害によって支配されるべきでない教育にそのような政治的影響が深く入り込む危険があることを考えるときは，教育内容に対する右のごとき国家的介入についてはできるだけ抑制的であることが要請されるし，殊に個人の基本的自由を認め，その人格の独立を国政上尊重すべきものとしている憲法の下においては，子どもが自由かつ独立の人格として成長することを妨げるような国家的介入，例えば，誤った知識や一方的な観念を子どもに植えつけるような内容の教育を施すことを強制するようなことは，憲法26条，13条の規定上からも許されないと解することができるけれども，これらのことは，前述のような子どもの教育内容に対する国の正当な理由に基づく合理的な決定権能を否定する理由となるものではない……。」

> 教基法10条の解釈と学力調査について，文章中の空欄を埋めなさい。

「教基法10条は，国の教育統制権能を前提としつつ，教育行政の目標を教育の目的の遂行に必要な諸条件の整備確立に置き，その整備確立のための措置を講ずるにあたっては，教育の自主性尊重の見地から，これに対する『不当な支配』となることのないようにすべき旨の限定を付したところにその意味があり，したがって，教育に対する行政権力の不当，不要の介入は排除されるべきであるとしても，許容される目的のために必要かつ合理的と認められるそれは，たとえ教育の内容及び方法に関するものであっても，必ずしも同条の禁止するところではない……。」

「文部大臣は，学校教育法38条，106条による中学校の教科に関する事項を定める権限に基づき，普通教育に属する中学校における教育の内容及び方法につき，……教育の機会均等の確保等の目的のために必要かつ合理的な基準を設定することができるものと解すべきところ，本件当時の中学校学習指導要領の内容を通覧するのに，おおむね，中学校において地域差，学校差を超えて全国的に共通なものとして教授されることが必要な最小限度の基準と考えても必ずしも不合理とはいえない事項が，その根幹をなしていると認められるのであり，……右指導要領の下における教師による創造的かつ弾力的な教育の余地や，地方ごとの特殊性を反映した個別化の余地が十分に残されており，全体としてはなお全国的な大綱的基準としての性格をもつものと認められるし，また，その内容においても，教師に対し一方的な一定の理論ないしは観念を生徒に教え込むことを強制するような点は全く含まれていない……。それ故，上記指導要領は，全体としてみた場合，教育政策上の当否はともかくとして，少なくとも法的見地からは，上記目的のために必要かつ合理的な基準の設定として是認することができる。」

「本件学力調査が教基法10条1項にいう教育に対する『不当な支配』として右規定に違反するかどうかを検討する。」

「本件学力調査が……教基法10条との関係において適法とされうるかどうかを判断するについては，……その調査目的において文部大臣の所掌とされている事項と合理的関連性を有するか，右の目的のために本件のような調査を行う必要性を肯定することができるか，本件の調査方法に教育に対する不当な支配とみられる要素はないか等の問題を検討しなければならない。」

「まず，本件学力調査の目的についてみるのに……調査全体の目的を違法不当のものとすることはできない……。」

「次に，本件学力調査は，……文部省が当時の中学校学習指導要領によって試験問題を作成し，……全国の中学校の全部において一せいに右問題による試験を行い，各地教委にその結果を集計，報告させる等の方法によって行われたもので

あって，このような方法による調査が前記の調査目的のために必要と認めることができるかどうか，及び教育に対する不当な支配の要素をもつものでないかどうかは，慎重な検討を要する問題である。」

「まず，必要性の有無について考えるのに，……本件学力調査は，その必要性の点において欠けるところはないというべきである。」

「問題となるのは，……文部大臣の教育に対する『不当な支配』となるものではないか，ということである。」

「……本件学力調査を目して，前記目的のための必要性をもってしては正当化することができないほどの教育に対す強い影響力，支配力をもち，教基法10条にいう教育に対する『不当な支配』にあたるものとすることは，相当ではなく，結局，本件学力調査は，その調査の方法において違法であるということはできない。」

「本件学力調査には，教育そのものに対する『不当な支配』として教基法10条に違反する違法があるとすることはできない。」

□＿＿／＿□＿＿／＿□＿＿／＿

最大判昭43.12.4　三井美唄労組事件

労働組合による統制権と立候補の自由の関係について，文章中の空欄を埋めなさい。

「憲法上，団結権を保障されている労働組合においては，その組合員に対する組合の統制権は，一般の組織的団体のそれと異なり，労働組合の団結権を確保するために必要であり，かつ，合理的な範囲においては，労働者の団結権保障の一環として，憲法28条の精神に由来する……。この意味において，憲法28条による労働者の団結権保障の効果として，労働組合は，その目的を達成するために必要であり，かつ，合理的な範囲内において，その組合員に対する統制権を有するものと解すべきである。」

「現実の政治・経済・社会機構のもとにおいて，労働者がその経済的地位の向上を図るにあたっては，……労働組合が右の目的をより十分に達成するための手段として，その目的達成に必要な政治活動や社会活動を行うことを妨げられるものではない。」

「労働組合が，……選挙活動をすること，そして，その一方策として，いわゆる統一候補を決定し，組合を挙げてその選挙運動を推進することは，組合の活動として許されないわけではなく，また，統一候補以外の組合員であえて立候補しようとするものに対し，組合の所期の目的を達成するため，立候補を思いとどまるよう勧告または説得することも，それが単に勧告または説得にとどまるかぎり，組合の組合員に対する妥当な範囲の統制権の行使にほかならず，別段，法の禁ずるところとはいえない。しかし，このことから直らに，組合の勧告または説得に応じないで個人的に立候補した組合員に対して，組合の統制をみだしたものとして，何らかの処分をすることができるかどうかは別個の問題である。この問題に応えるためには，まず，立候補の自由の意義を考え，さらに，労働組合の組合員に対する統制権と立候補の自由との関係を検討する必要がある。」

「立候補の自由は，選挙権の自由な行使と表裏の関係にあり，自由かつ公正な選挙を維持するうえで，きわめて重要である。このような見地からいえば，憲法15条1項には，被選挙権者，特にその立候補の自由について，直接には規定していないが，これもまた，同条同項の保障する重要な基本的人権の一つと解すべきである。」このように，公職選挙における立候補の自由は憲法の保障する重要な権利であるから，「これに対する制約は特に慎重でなければならず，組合の団結を維持するための統制権の行使に基づく制約であっても，その必要性と立候補の自由の重要性とを比較衡量して，その許否を決すべきであ」る。

本件のような場合，「組合員で立候補しようとする者に対し，組合が所期の目

ᅳ

的を達成するために，立候補を思いとどまるよう，勧告または説得をすることは，組合としても当然なしうるところである」が「当該組合員に対し，勧告または説得の域を超え，立候補を取りやめることを要求し，これに従わないことを理由に当該組合員を統制違反者として処分するがごときは，組合の統制権の限界を超えるものとして，違法」である。

□　／　　□　／　　□　／

第2編　統治

最大判平23.3.23

衆議院議員選挙制度について，文章中の空欄を埋めなさい。

「１人別枠方式……は，……相対的に人口の少ない県に定数を多めに配分し，人口の少ない県に居住する国民の意思をも十分に国政に反映させることができるようにすることを目的とする」が，「この選挙制度によって選出される議員は，いずれの地域の選挙区から選出されたかを問わず，全国民を代表して国政に関与することが要請されているのであり，相対的に人口の少ない地域に対する配慮はそのような活動の中で全国的な視野から法律の制定等に当たって考慮されるべき事柄であって，地域性に係る問題のために，殊更にある地域（都道府県）の選挙人と他の地域（都道府県）の選挙人との間に投票価値の不平等を生じさせるだけの合理性があるとはいい難い。しかも，本件選挙時には，１人別枠方式の下でされた各都道府県への定数配分の段階で，既に各都道府県間の投票価値にほぼ２倍の最大較差が生ずるなど，１人別枠方式が……選挙区間の投票価値の較差を生じさせる主要な要因となっていたことは明らかである。１人別枠方式の意義については，人口の少ない地方における定数の急激な減少への配慮という立法時の説明にも一部うかがわれるところであるが，既に述べたような我が国の選挙制度の歴史，とりわけ人口の変動に伴う定数の削減が著しく困難であったという経緯に照らすと，新しい選挙制度を導入するに当たり，直ちに人口比例のみに基づいて各都道府県への定数の配分を行った場合には，人口の少ない県における定数が急激かつ大幅に削減されることになるため，国政における安定性，連続性の確保を図る必要があると考えられたこと，何よりもこの点への配慮なくしては選挙制度の改革の実現自体が困難であったと認められる状況の下で採られた方策であるということにある……。」

「そうであるとすれば，１人別枠方式は，おのずからその合理性に時間的な限界があるものというべきであり，新しい選挙制度が定着し，安定した運用がされるようになった段階においては，その合理性は失われるものというほかはない。」「平成19年6月13日大法廷判決は，本件選挙制度導入後の最初の総選挙が平成8年に実施されてから10年に満たず，いまだ同17年の国勢調査も行われていない同年9月11日に実施された総選挙に関するものであり，同日の時点においては，なお１人別枠方式を維持し続けることにある程度の合理性があったということができるので，これを憲法の投票価値の平等の要求に反するに至っているとは

いえないとした同判決の判断は，以上のような観点から首肯することができ……
［る］。これに対し，本件選挙時においては，本件選挙制度導入後の最初の総選挙
が平成8年に実施されてから既に10年以上を経過しており，その間に，区画審
設置法所定の手続に従い，同12年の国勢調査の結果を踏まえて同14年の選挙区
の改定が行われ，更に同17年の国勢調査の結果を踏まえて見直しの検討がされ
たが選挙区の改定を行わないこととされており，既に上記改定後の選挙区の下で
2回の総選挙が実施されていたなどの事情があったものである。これらの事情に
鑑みると，本件選挙制度は定着し，安定した運用がされるようになっていたと評
価することができるのであって，もはや1人別枠方式の上記のような合理性は失
われていたものというべきである。」「そうすると，本件区割基準のうち1人別枠
方式に係る部分は，遅くとも本件選挙時においては，……それ自体，憲法の投票
価値の平等の要求に反する状態に至っていた……。」

　「しかしながら，前掲平成19年6月13日大法廷判決において，平成17年の総
選挙の時点における1人別枠方式を含む本件区割基準及び本件選挙区割りについ
て，前記のようにいずれも憲法の投票価値の平等の要求に反するに至っていない
旨の判断が示されていたことなどを考慮すると，本件選挙までの間に本件区割基
準中の1人別枠方式の廃止及びこれを前提とする本件区割規定の是正がされなか
ったことをもって，憲法上要求される合理的期間内に是正がされなかったものと
いうことはできない。」

　「本件選挙時において，本件区割基準規定の定める本件区割基準のうち1人別
枠方式に係る部分は，憲法の投票価値の平等の要求に反するに至っており，同基
準に従って改定された本件区割規定の定める本件選挙区割りも，憲法の投票価値
の平等の要求に反するに至っていたものではあるが，いずれも憲法上要求される
合理的期間内における是正がされなかったとはいえず，本件区割基準規定及び本
件区割規定が憲法14条1項等の憲法の規定に違反するものということはできな
い。」

□＿＿／＿＿ □＿＿／＿＿ □＿＿／＿＿

最大判平11.11.10

衆議院議員選挙における拘束名簿式比例代表制について，文章中の空欄を埋めなさい。

いわゆる拘束名簿式比例代表選挙は，政党の届け出た名簿に候補者名と当選人となるべき順位が記載されており，選挙人による投票の結果により当選人が決定されるのであるから，憲法の直接選挙の要請に反しないとした。なお，選挙の時点で候補者名簿の順位が確定しないとしても同様である。

衆議院議員選挙における重複立候補制について，文章中の空欄を埋めなさい。

選挙制度の仕組みを具体的に決定することは，国会の広い裁量に委ねられていることからすれば，政党本位の選挙を目指すという観点から重複選挙制度を設けること自体は憲法の要請に反しているとはいえず，したがって，小選挙区制で落選した者が，比例代表選挙で当選することがあることは当然の帰結であるとした。また，政党の果たしている国政上の重要な役割に鑑みれば，選挙制度を政党本位のものとすることが国会の裁量の範囲に属することも明らかであるから，重複立候補ができる者を，候補者届出政党の要件を充足する団体に所属する者に限られるとすることにより不当に立候補の自由や選挙権の行使を制限するとはいえない。

最大判平16.1.14

参議院議員選挙制度について，文章中の空欄を埋めなさい。

「名簿式比例代表制は，<u>政党の選択</u>という意味を持たない投票を認めない制度であるから，非拘束名簿式比例代表制の下において，参議院名簿登載者個人には投票したいが，その者の所属する参議院名簿届出政党等には投票したくないという投票意思が認められないことをもって，国民の選挙権を侵害し，憲法15条に違反するものとまでいうことはできない。また，名簿式比例代表制の下においては，名簿登載者は，各政党に所属する者という立場で候補者となっているのであるから，改正公選法が参議院名簿登載者の氏名の記載のある投票を当該参議院名簿登載者の所属する参議院名簿届出政党等に対する投票としてその得票数を計算するものとしていることには，<u>合理性</u>が認められる。」

「非拘束名簿式比例代表制は，投票の結果すなわち<u>選挙人の総意により当選人が決定</u>される点において，選挙人が候補者個人を直接選択して投票する方式と異なるところはない。」から憲法43条に違反しない。

□___／___□___／___□___／___

最判昭56.4.7　板まんだら事件

法律上の争訟の意義について，文章中の空欄を埋めなさい。

「裁判所がその固有の権限に基づいて審判することのできる対象は，裁判所法3条にいう『法律上の争訟』，すなわち当事者間の具体的な権利義務ないし法律関係の存否に関する紛争であって，かつ，それが法令の適用により終局的に解決することができるものに限られる（最高裁昭和……41年2月8日……判決（技術士国家試験判決）参照）。したがって，具体的な権利義務ないし法律関係に関する紛争であっても，法令の適用により解決するのに適しないものは裁判所の審判の対象となりえない，というべきである。」

「錯誤による贈与の無効を原因とする本件不当利得返還請求訴訟においてXらが主張する錯誤の内容は，①Yは，戒壇の本尊を安置するための正本堂建立の建設費用に充てると称して本件寄付金を募金したのであるが，Yが正本堂に安置した本尊のいわゆる『板まんだら』は，日蓮正宗において『日蓮が弘安2年10月12日に建立した本尊』と定められた本尊ではないことが本件寄付の後に判明した，②Yは，募金時には，正本堂完成時が広宣流布の時にあたり正本堂は事の戒壇になると称していたが，正本堂が完成すると，正本堂はまだ三大秘法抄，一期弘法抄の戒壇の完結ではなく広宣流布はまだ達成されていないと言明した，というのである。要素の錯誤があったか否かについての判断に際しては，右①の点については信仰の対象についての宗教上の価値に関する判断が，また，右②の点についても『戒壇の完結』，『広宣流布の達成』等宗教上の教義に関する判断が，それぞれ必要であり，いずれもことがらの性質上，法令を適用することによっては解決することのできない問題である。」

「本件訴訟は，具体的な権利義務ないし法律関係に関する紛争の形式をとっており，その結果信仰の対象の価値又は宗教上の教義に関する判断は請求の当否を決するについての前提問題であるにとどまるものとされてはいるが，本件訴訟の帰すうを左右する必要不可欠のものと認められ，また，……本件訴訟の争点及び当事者の主張立証も右の判断に関するものがその核心となっていると認められることからすれば，結局本件訴訟は，その実質において法令の適用による終局的な解決の不可能なものであって，裁判所法3条にいう法律上の争訟にあたらない……。」

□　／　□　／　□　／

最大判昭35.6.8　苫米地事件

衆議院解散について司法審査が及ぶかについて，文章中の空欄を埋めなさい。

「現実に行われた衆議院の解散が，その依拠する憲法の条章について適用を誤ったが故に，法律上無効であるかどうか，これを行うにつき憲法上必要とせられる内閣の助言と承認に瑕疵があったが故に無効であるかどうかのごときことは裁判所の審査権に服しない……」。

「わが憲法の三権分立の制度の下においても，司法権の行使についておのずからある限度の制約は免れないのであって，あらゆる国家行為が無制限に司法審査の対象となるものと即断すべきでない。直接国家統治の基本に関する高度に政治性のある国家行為のごときはたとえそれが法律上の争訟となり，これに対する有効無効の判断が法律上可能である場合であっても，かかる国家行為は裁判所の審査権の外にあり，その判断は主権者たる国民に対して政治的責任を負うところの政府，国会等の政治部門の判断に委され，最終的には国民の政治判断に委ねられているものと解すべきである。この司法権に対する制約は，結局，三権分立の原理に由来し，当該国家行為の高度の政治性，裁判所の司法機関としての性格，裁判に必然的に随伴する手続上の制約等にかんがみ，特定の明文による規定はないけれども，司法権の憲法上の本質に内在する制約と理解すべきものである。」

「衆議院の解散は，衆議院議員をしてその意に反して資格を喪失せしめ，国家最高の機関たる国会の主要な一翼をなす衆議院の機能を一時的とは言え閉止するものであり，さらにこれにつづく総選挙を通じて，新な衆議院，さらに新な内閣成立の機縁を為すものであって，その国法上の意義は重大であるのみならず，解散は，多くは内閣がその重要な政策，ひいては自己の存続に関して国民の総意を問わんとする場合に行われるものであってその政治上の意義もまた極めて重大である。すなわち衆議院の解散は，極めて政治性の高い国家統治の基本に関する行為であって，かくのごとき行為について，その法律上の有効無効を審査することは司法裁判所の権限の外にあ……る。」

「政府の見解は，憲法７条によって，―すなわち憲法69条に該当する場合でなくとも，―憲法上有効に衆議院の解散を行い得るものであり，本件解散は右憲法７条に依拠し，かつ，内閣の助言と承認により適法に行われたものであるとするにあることはあきらかであって，裁判所としては，この政府の見解を否定して，本件解散を憲法上無効なものとすることはできない……。」として請求を棄却した原審を支持した。

□　／　　□　／　　□　／

最大判昭34.12.16　砂川事件

　安保条約の合憲性について裁判所の司法審査が及ぶかについて，文章中の空欄を埋めなさい。

　安保条約が「違憲なりや否やの法的判断は，その条約を締結した内閣およびこれを承認した国会の高度の政治的ないし自由裁量的判断と表裏をなす点が少なくない。それ故，右違憲なりや否やの法的判断は，純司法的機能をその使命とする司法裁判所の審査には，原則としてなじまない性質のものであり，従って，一見極めて明白に違憲無効であると認められない限りは，裁判所の司法審査権の範囲外のものであって，それは第一次的には，右条約の締結権を有する内閣およびこれに対して承認権を有する国会の判断に従うべく，終局的には，主権を有する国民の政治的批判に委ねらるべきものである……。そして，このことは，本件安全保障条約またはこれに基く政府の行為の違憲なりや否やが，本件のように前提問題となっている場合であると否とにかかわらない……。」

　「アメリカ合衆国軍隊の駐留は，憲法9条，98条2項および前文の趣旨に適合こそすれ，これらの条章に反して違憲無効であることが一見極めて明白であるとは，到底認められない。そしてこのことは，憲法9条2項が，自衛のための戦力の保持をも許さない趣旨のものであると否とにかかわらない（なお，……米軍の配備を規律する条件を規定した行政協定は，既に国会の承認を経た安全保障条約3条の委任の範囲内のものであると認められ，これにつき特に国会の承認を経なかったからといって，違憲無効であるとは認められない。）」

最判昭52.3.15　富山大学事件

　国立大学の単位授与認定行為について，司法審査の対象となるかについて，文章中の空欄を埋めなさい。

　「裁判所は，憲法に特別の定めがある場合を除いて，一切の法律上の争訟を裁判する権限を有する……が（裁判所法3条1項），……法律上の係争といっても，その範囲は広汎であり，その中には事柄の特質上裁判所の司法審査の対象外におくのを適当とするものもあるのであって，例えば，<u>一般市民社会の中にあってこれとは別個に自律的な法規範を有する特殊な部分社会</u>における法律上の係争のごときは，それが<u>一般市民法秩序と直接の関係を有しない内部的な問題にとどまる限り</u>，その自主的，自律的な解決に委ねるのを適当とし，裁判所の司法審査の対象にはならない……（当裁判所昭和……35年10月19日……判決（注：地方議会議員に対する出席停止処分に関する判例）……参照）。」

　「そして，大学は，国公立であると私立であるとを問わず，学生の教育と学術の研究とを目的とする教育研究施設であって，その設置目的を達成するために必要な諸事項については，法令に格別の規定がない場合でも，学則等によりこれを規定し，実施することのできる<u>自律的，包括的な権能</u>を有し，一般市民社会とは異なる特殊な部分社会を形成しているのであるから，このような特殊な部分社会である大学における法律上の係争のすべてが当然に裁判所の司法審査の対象になるものではなく，一般市民法秩序と直接の関係を有しない内部的な問題は右司法審査の対象から除かれるべき……である。」「単位授与（認定）行為は，他にそれが一般市民法秩序と直接の関係を有するものであることを肯認するに足りる特段の事情のない限り，純然たる大学内部の問題として大学の自主的，自律的な判断に委ねられるべきものであって，裁判所の司法審査の対象にはならない……。」

判例索引

アガルートアカデミーは、
2015 年 1 月に開校した
オンラインによる講義の配信を中心とする
資格予備校です。

「アガルート（AGAROOT）」には、
資格の取得を目指す受験生の
キャリア，実力，モチベーションが
あがる道（ルート）になり、
出発点・原点（ROOT）になる、
という思いが込められています。

上田 亮祐さん

平成29年度司法試験総合34位合格
神戸大学・神戸大学法科大学院出身

—— 法曹を目指したきっかけを教えてください。

　私は，小学生の頃にテレビに出ていた弁護士に憧れを抱いて，弁護士を目指すようになりました。

—— 勉強の方針とどのように勉強を進めていましたか？

　演習を中心に進めていました。

　アガルートアカデミーの講座の受講を始めたのはロースクール入学年の2015年4月からなのですが，それまでは別の予備校の入門講座，論文講座を受講していました。しかし，そこでは「まだ答案の書き方が分からないから，とりあえず講座の動画を消化しよう。消化していけば答案の書き方が分かるようになるはずだ」と考え，講義動画を見たり，入門テキスト，判例百選を読むだけで，自分でほとんど答案を書かず実力をつけられないままロースクール入試を迎えました。

　なんとか神戸大学法科大学院に入学し，自分の実力が最底辺のものでこのままでは2年後の司法試験合格どころかロー卒業すらも危ういと分かると，司法試験の勉強として何をすれば良いのかを必死で考えるようになりました。そして，「司法試験は，試験の本番に良い答案を書けることができれば合格する試験である」という当たり前の命題から，「少しでも良い答案を書けるように，答案を書く練習をメインに勉強しよう」と考えるようになりました。

　そこで，総合講義300を受講し直しつつ，重要問題習得講座のテキストを用いて，論文答案を書く練習を勉強のメインに据えていました。また，なるべく手を広げないように，同じ教材を繰り返すことを心がけていました。

—— 受講された講座と，その講座の良さ，使い方を教えてください。

【総合講義300】

　　総合講義300の良さは，講義内でテキストを３周するシステムだと思います。
　　以前受講した別の予備校の入門講座は，民法だけで100時間以上の講義時間
がある上，テキストを１周して終わるため，講義を受け終わると最初の方にや
ったことをほとんど覚えていないということが普通でした。しかし，アガルー
トの総合講義は，講義内でテキストを３周するため，それまでにやったことを
忘れにくい構造になっていると感じました。テキストも薄く持ち運びに便利で，
受験生のことをしっかり考えてくれていると思いました。

【論証集の「使い方」】

　　短い時間で各科目の復習，論点の書き方の簡単な確認ができるのがとても優
れています。講義音声をダウンロードして，iPodで繰り返し再生していました。

【論文答案の「書き方」】

　　答案の書き方が分からない状態というのは，「今は書けないから，問題演習
しないでおこう，答案を書かないでおこう」と考えがちなのですが，そんな初
学者状態の受験生に，強制的に答案を書く契機を与えてくれるので，そういう
点でこの講座は有益だったと思います。他のテキストではあまり見ない「答案
構成例」が見られるのも初学者の自分には助かりました。また，重要問題習得
講座のテキストを用いた演習方法は，この講座で工藤先生がやっていたことを
そのままやろうと考えて思いついたのであり，この講座がなければ勉強の方向
性が大きく変わっていたのではないかと思います。

【重要問題習得講座】

　　テキストが特に優れています。予備校の講座内で使用されているテキストは，
口頭・講義内での説明を前提としているため，解説が書かれていなかったり不
十分なことが多いのですが，重要問題習得講座のテキストは十分な解説が掲載
されていますし，論証集，総合講義の参照頁も記載されていますから，自学自
習でも十分にテキストを利用することができます。

【旧司法試験論文過去問解析講座（上三法）】

　　テキストに掲載されている解説が詳細であるのみならず，予備試験合格者が
60分で六法以外何も見ずに書いた答案が掲載されており，予備試験合格者の
リアルなレベルを知ることができたのはとても有益でした。完全解を目指すた
めには模範答案を，とりあえず自分がどの程度のレベルに到達しているのかを
測るためには予備試験合格者の答案を見れば良かったので，全司法試験・予備
試験受験生に薦めたい講座の１つです。

—— 学習時間はどのように確保していましたか？

　学習時間はローの講義のない空きコマで問題を解くようにしていました。また，集中できないときはスマホの電源を切ってカバンの中にしまったり，そもそもスマホを持って大学に行かないようにすることで，「勉強以外にやることがない」状況を意図的に作り出すようにしていました。

—— 振り返ってみて合格の決め手は？　合格にアガルートの講座はどのくらい影響しましたか？

　演習中心で勉強し，細かい知識に拘泥することなく，「受かればなんでも良い」という精神で合格に必要な最短コースを選ぶことができたのが合格の最大の決め手になったのだと思います。重要問題習得講座は，そのような演習中心の勉強をするに当たりかなり有益でした。また，論証集の「使い方」についても，その内容面はもちろん，勉強方法について講座内でも，工藤先生は再三「受かればなんでもいい」「みなさんの目的は法学を理解することではなく，受かること」と仰っており，講義音声を聞き返す度にこれを耳にすることになるので，自分の目的意識を明確に保つことができたように思います。

—— 後進受験生にメッセージをお願いします。

　私自身もそうでしたが，よく思うのは，「合格者に勉強方法などについて質問をたくさんする人ほど，自分で勉強する気がない」ということです。勉強方法や合格体験談の情報をたくさん集めるだけで，なんとなく自分の合格が近づいたように錯覚してしまい，真面目に勉強しなくなるというのは私自身が経験した失敗です。受験生がやるべきことは，失敗体験を集めた上で，その失敗を自分がしないようにすることだと思います。私は講義動画を視聴するだけで自分では答案を書かなかったために，ロー入学時点で答案の書き方が全く分からない，答案が書けないという失敗を犯しました。受験生の方には，ぜひとも私と同じ失敗をしないようにしていただきたいと思います。

上田 亮祐 (うえだ・りょうすけ) さん　　*Profile*

25歳（合格時），神戸大学法科大学院出身。
平成28年予備試験合格（短答1998位，論文173位，口述162位），
司法試験総合34位（公法系199〜210位，民事系70〜72位，
刑事系113〜125位，選択科目（知的財産法）3位，論文34位，
短答455位），受験回数：予備，本試験ともに1回ずつ。

福澤 寛人 さん

平成 30 年度司法試験予備試験合格
令和元年度司法試験 1 回目合格　慶應義塾大学出身

―― 法曹を目指したきっかけを教えてください。

　　法律の勉強が楽しく，法律を扱う仕事をしたいと感じたからです。弁護士の業務への興味よりも，法律学への興味が先行していました。

―― どのように勉強を進めていましたか？

　　総合講義 300 を受講したあとに，ラウンジ指導を受け，論文を書き始めました。今思えば，総合講義 300 と論文答案の「書き方」・重要問題習得講座は並行して受講すべきであったと感じています。

　　勉強の方針としては，手を広げすぎず，アガルートの講座を中心に勉強をしました。また，特に過去問の分析にも力を入れ，本試験というゴールを意識した勉強をするよう心掛けていました。

―― 受講された講座と，その講座の良さ，使い方を教えてください。

【総合講義 300】

　　総合講義 300 は，300 時間という短時間で法律科目全体を学べる点が良かったです。講座自体はとても分かりやすいのですが，法律そのものが難解ですので，どうしても理解できない箇所がありました。しかし，工藤先生がおっしゃる通り，分からない箇所があったとしても，一旦飛ばして先に進むという方針で勉強をしました。その結果，躓くことなく，また，ストレスを感じることなく，勉強を進めることができました。

【論文答案の「書き方」】

　　この講座は，論文の書き方の基礎をさらっと学べる点が良かったです。この講座は，受講をした後に，練習問題を実際に書き，先生に添削していただくと

いう使い方をしました。

【重要問題習得講座】

　この講座は，全ての問題を解くことで，重要な論点の論文問題をこなせる点が良かったです。この講座は，答案構成をした後に解説講義を聴き，自分の答案構成と参考答案を見比べ，自分に何が足りていないかを分析するという使い方をしました。

【論証集の「使い方」】

　この講座は，繰り返し聴くことで，自然と論証が頭に入ってくる点が良かったです。この講座は，iPhoneに音声を入れ，1.5倍速ほどのスピードで繰り返し聴くという使い方をしました。

【予備試験過去問解析講座】

　この講座は，難解な予備試験の過去問について，丁寧に解説がなされている点が良かったです。この講座は，予備試験の論文の過去問を実際に解いた後に，講義を聴くという使い方をしました。

—— 学習時間はどのように確保していましたか？

　隙間時間を有効に活用することで，最低限の学習時間を確保するよう意識していました。勉強に飽きたときには，あえて勉強をせず，ストレスをためないように意識をしていました。

—— 直前期はどう過ごしていましたか？

　直前期は，自分でまとめた自分の弱点ノートを見直していました。自分には，問題文を読み飛ばす・事情を拾い落とすなどの弱点があったため，本番でその失敗をしないよう，何度もノートを見ることで注意を喚起しました。また，何とかなるでしょうという気軽な心構えで試験を迎えました。

—— 試験期間中の過ごし方は？

　普段と違うことはせず，普段と同じ行動をするように心掛けました。また，辛い物や冷たい物など，体調を崩す可能性のある物は食べないよう気をつけました。

—— 受験した時の手ごたえと合格した時の気持ちを教えてください。

　短答式試験は落ちたと感じましたが，実際には合格できていたので，スタートラインに立てたという安心感がありました。

論文式試験は初受験だったため，よくできたのかできなかったのかも分かりませんでした。そのため，論文合格を知った時は嬉しい気持ちと驚きの気持ちが半々でした。

　口述式試験は，完璧にはほど遠い手ごたえでしたが，合格しているとは感じていました。実際に合格していると知ったときには安堵しました。

—— 振り返ってみて合格の決め手は？　合格にアガルートの講座はどのくらい影響しましたか？

　合格の決め手は，アガルートを信じて手を広げ過ぎなかったことであると感じています。アガルートの講座のみを繰り返すことによって盤石な基礎固めをすることができたと思います。そのため，上記の講座は，今回の合格に大きく影響していると考えます。

—— アガルートアカデミーを一言で表すと？

　「合格塾」です。

—— 後進受験生にメッセージをお願いします。

　予備試験は出題範囲が広く，受験は長期間の闘いになると思います。ですので，無理をし過ぎず，ストレスをためない勉強方法を模索することが大事だと思います。

　また，私は，模範答案とは程遠い答案しか書けずにいました。しかし，それでも結果的に合格できていることから，合格するためには模範答案ほどの答案を書ける必要はないと分かりました。そのため，完璧な答案を書けなくとも，気にすることなく勉強を進めていただければと思います。

　同じ法曹を目指す仲間として，これからも勉強を頑張りましょう。

Profile

福澤 寛人 (ふくざわ・ひろと) さん

21歳（合格時），慶應義塾大学4年生。
在学中に受けた2回目の予備試験で合格を勝ち取る。短答1770位，論文106位。
その後，令和元年度司法試験1回目合格。

〈編著者紹介〉

アガルートアカデミー

大人気オンライン資格試験予備校。2015年1月開校。
- 司法試験，行政書士試験，社会保険労務士試験をはじめとする
法律系難関資格を中心に各種資格試験対策向けの講座を提供し
ている。受験生の絶大な支持を集める人気講師を多数擁する。
合格に必要な知識だけを盛り込んだフルカラーのオリジナルテ
キストとわかりやすく記憶に残りやすいよう計算された講義で，
受講生を最短合格へ導く。
- 近時は，「オンライン学習×個別指導」で予備試験・司法試験の
短期学習合格者を続々と輩出する。

アガルートの司法試験・予備試験
総合講義1問1答　憲法

2021年 6 月20日　初版第1刷発行
2022年12月 1 日　初版第2刷発行

編著者　アガルートアカデミー

発行者　アガルート・パブリッシング

〒162-0814　東京都新宿区新小川町5-5　サンケンビル4階
e-mail：customer@agaroot.jp
ウェブサイト：https://www.agaroot.jp/

発売　サンクチュアリ出版
〒113-0023　東京都文京区向丘2-14-9
電話：03-5834-2507　FAX：03-5834-2508

印刷・製本　シナノ書籍印刷株式会社

すべては受験生の最短合格のために

AGAROOT
ACADEMY

アガルートアカデミー ｜ 検索